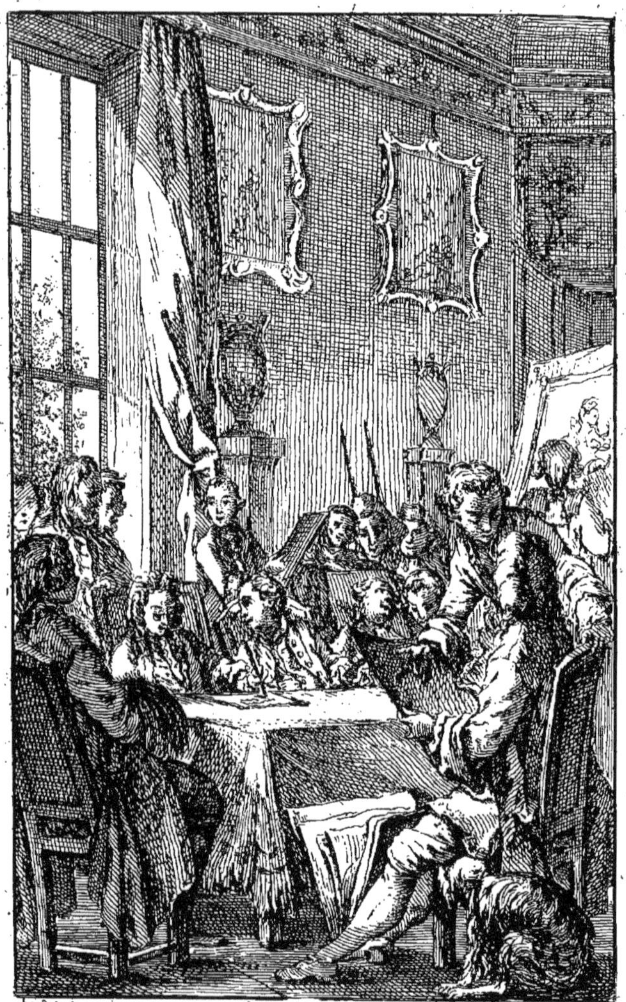

Baudoin inv. Huquier fil. Sculp.

# CATALOGUE RAISONNÉ DES TABLEAUX, DESSEINS ET ESTAMPES

DES PLUS GRANDS MAIRTES,

Qui composent le Cabinet de feu Monsieur POTIER, Avocat au Parlement.

*Par les Sieurs* HELLE & GLOMY.



*A PARIS,*

Chez DIDOT, Libraire & Imprimeur, Quai des Augustins, à la Bible d'or.

*M. DCC. LVII.*

# AVANT-PROPOS.

L'Amitié dont feu Monſieur Potier nous a toujours donné des preuves ſenſibles, nous engage, en expoſant aux Amateurs le détail des morceaux curieux de ſon Cabinet, de rendre à ſa mémoire le juſte tribut de louanges que nous lui devons. En effet, la confiance qu'il avoit en nous, s'eſt ſoutenue, pour ainſi dire, juſqu'au de-là des bornes de ſa vie; puiſque par un article exprès de ſon codicille, il nous a remis le ſoin d'expoſer en vente, la partie de ſa ſucceſſion pour laquelle il a toujours conſervé une prédilection particuliere, & d'en faire un Catalogue, qui en puiſſe faire ſentir tout le mérite: heureux ſi nos talens repondoient à l'idée flatteuse qu'il s'en étoit formé : du moins ferons-nous tous nos efforts pour repondre, autant qu'il nous sera possible, à ses intentions, en faisant connoître aux Amateurs non-instruits, tout le mérite des morceaux qui sont l'objet des recherches des Connoisseurs, en nous renfermant cependant dans les bornes d'une exacte vérité, pour satisfaire également aux loix de la probité & de la sincérité.

L'amour des beautés de l'Art dépendant du Dessein, s'étoit manifesté chez Monsieur Potier dès la plus tendre jeunesse. Dans le cours de ses études, il ne connoissoit point d'autres délassemens, que la satisfaction qu'il trouvoit à faire acquisition de Desseins & d'Estampes. L'argent que les Parens donnent ordinairement pour les menus-plaisirs des écoliers, & que cette jeunesse dépense communément en frivolités, étoit employé par M. Potier à satisfaire ſon goût pour la curioſité : c'eſt ce qui le mit en relation avec les plus célebres Amateurs de ce temps, tels que M. de Beringhen, M. de Torcy, M. de Clairembault, & autres perſonnes auſſi diſtinguées par leurs mérites perſonnels, que par leur amour pour les Arts ; mais feu M. de de Blois fut celui dont il cultiva l'amitié avec le plus de ſoin ; cet Amateur, qui dans pluſieurs voïages qu'il fit en Italie, en Flandres, & ailleurs, avoit ramaſſé un grand nombre de Chefs-d'Œuvres, en Deſſeins & en Eſtampes, ſe faiſoit un plaiſir d'en faire remarquer le mérite au jeune Potier : par-là il fit naître en lui un goût qu'il a depuis conſtamment conſervé, & qui s'eſt encore augmenté par la connoiſſance qu'il fit avec le célebre Sebaſtien le Clerc, cet Artiſte laborieux, qui nous a laiſſé un ſi grand nombre d'Eſtampes, dont les compoſitions extrêmement variées, ſont auſſi aimables, que bien exécutées. M. Potier nous a ſouvent raconté avec complaiſance l'époque de la liaiſon qu'il eut avec cet habile Maître. Le Lecteur ne ſera peut-être pas fâché que nous lui en faſſions un recit abrégé.

Monſieur Potier, non-content de jouir de la vûe des Cabinets qui lui étoient ouverts avec cette politeſſe ordinaire à tour les Amateurs, voulut à ſon tout former un choix d'Eſtampes & de Deſſeins, pour ſe procurer leurs viſites. Dans les commencemens n'ayant pu acquérir que de ces morceaux qui ſe trouvent ordinairement, il eut la petite mortification de voir, que ces anciens Curieux, en les regardant, ne témoignoient point cette attention mêlée de ſurpriſe que l'on a coutume de marquer à la vûe d'un beau morceau que l'on admire pour la premiere fois; ils ſe contentoient de dire, cela eſt beau, mais nous avons toutes ces Pieces. M. Potier, piqué de leur indifférence, chercha les moyens d'en tirer une petite vengeance, aussi pardonnable qu'agréable. Il fut trouver M. le Clerc, & le pria de lui graver avec soin un petit morceau à son choix, proportioné au prix que sa faculté d'Ecolier pouvoit lui permettre. Cet habile homme fit une petite Venus sur les eaux, portée dans une conque, tenant d'une main la pomme d'or qui fut le prix de sa beauté, & de l'autre un voile, lequel enflé par les Zephirs, sert à faire voguer la Déesse. M. Potier, après avoir païé la planche, retira les épreuves que M. le Clerc en avoit fait imprimer pour lui, ensuite invitant les Curieux à venir voir ses nouvelles acquisitions, il leur montra cette Estampe qu'ils ne connoissoient pas; ils en admirerent la composition & la gravure, & reconnoissant qu'elle étoit de le

Clerc, ils courent auſſitôt chez l'Artiſte; mais ils ſont bien ſurpris d'apprendre qu'il n'en a aucunes épreuves, & que M. Potier étoit le ſeul qui pouvoit leur en donner. Comme les Ouvrages de M. le Clerc étoient, avec raiſon, extrêmement eſtimés, les Amateurs ſe plaiſoient à recueillir tout ce qu'il mettoit au jour; ils furent donc obligés de faire leur cour au nouveau Curieux, qui ſe fit long-temps prier; & de cette maniere tira l'eſpece de vengeance qu'il s'étoit promiſe, du mépris qu'on avoit paru faire de ſes premiers eſſais de curioſité. Ce morceau eſt devenu fort rare, parcequ'il n'y eut d'épreuve que celles que M. le Clerc avoit fait tirer au nombre de douze; M. Potier en donna quelques-unes à ſes meilleurs amis. Depuis il perdit la planche & le reſtant des épreuves, ſans avoir jamais pu découvrir ce qu'elle étoit devenue, ce qui l'obligea d'en faire recommencer une seconde, dont la Venus differe pour l'attitude. De cette seconde M. Potier n'en fit tirer que douze. Son dessein étoit de la supprimer ensuite pour la rendre rare, & satisfaire la petite manie que beaucoup de Curieux avoient autrefois, d'estimer moins le beau que le rare; mais pour ne pas perdre entierement cette planche, il s'est contenté dans ces derniers temps de faire ajouter par M. Eisen, un Triton qui pousse la conque de Venus, & un petit Amour qui vole devant, portant son flambeau. Pour la même raison, il a aussi fait changer la petite planche du Saint Claude dans un Païsage, auquel on a substitué une Madeleine, après en avoir tiré seulement douze épreuves, telles que M. le Clerc l'avoit gravée. Ces deux Planches ne furent pas les seules que M. Potier fit exécuter à cet habile Graveur, il lui fit encore graver le Songe de Salomon, d'après un Tableau de le Sueur, qu'il possedoit; le Portrait de M. Potier d'Aubancourt son pere, en forme de Médailles, & l'histoire de Psychée en quatre feuilles, dans lesquelles on admire la belle composition, traitée dans le goût le plus gracieux, & tel que l'exigeoit le sujet.

M. Potier ne se borna pas à orner son Cabinet des Ouvrages de nos habiles Modernes: il sentit de bonne heure que pour se former un grand goût, il falloit le puiser dans les Ouvrages des grands Maîtres d'Italie; il rechercha donc avec soin les Estampes de Marc-Antoine, des Caraches, & des autres Maîtres qui ont travaillé à immortaliser les Tableaux des plus excellens Peintres: avec quel succès n'a-t'il pas rempli son projet. On peut dire, avec vérité, que son recueil des Maîtres d'Italie, est un des plus beaux qui aient été formés depuis longtemps, ſoit pour le choix & le nombre des morceaux, ſoit pour la beauté des épreuves.

Quoique ſa colection de Deſſeins ne ſoit pas auſſi conſidérable que celle des Eſtampes, il s'y trouve cependant beaucoup de morceaux précieux & intéreſſans; il forma ſur-tout un recueil nombreux de Deſſeins de le Sueur, pour lequel il avoit un grand amour: il regardoit avec juſtice ce grand Maître comme le premier Peintre de la France, & dont le mérite approchoit ſi fort de celui de Raphael, qu'il ne fit pas difficulté de raſſembler les Ouvrages de ces deux excellens Peintres, dans le même volume.

Cet amour pour les Arts, qui occupoit ſi agréablement les loiſirs de M. Potier, en avoit fait un homme aimable, qui a ſu conſerver juſques dans un âge très avancé, cette humeur gaie qui n'eſt preſque jamais que le partage de la jeunesse; aussi disoit-il que pour se conserver longtemps en bonne santé, il falloit être Curieux, parceque le plaisir pur dont on jouit, n'altere point le temperament comme les autres divertissemens, qui pris ordinairement sans modération & avec plus de fatigue, ruinent la santé, & abrégent les jours. Il citoit plusieurs exemples de Curieux, dont la vie avoit été aussi longue que tranquille, surtout M. de Blois, son ami, qui ainsi que lui, avoit poussé sa cartiere au de-là de quatre-vingts ans. Rempli de cette idée, il a conservé jusqu'à la fin de ses jours cet attachement qu'il avoit toujours eu pour les belles choses; & quelques jours avant sa mort, il avoit acquis de nouvelles Estampes avec le même plaisir que dans les premiers temps de sa curiosité. Cependant on ne doit pas attribuer cet attachement à une envie d'écarter les pensées d'une fin dont il ſentoit les approches; car il nous donna pendant ſa maladie des preuves bien certaines d'une réſignation auſſi Chrétienne que Philoſophique, en nous faiſant venir exprès pour nous recommander de mettre tous nos ſoins à faire valoir autant qu'il ſeroit poſſible la vente de ſon Cabinet après ſa mort; & comme nous voulions éloigner de lui cette idée, il nous dit avec fermeté, Meſſieurs il faut finir. Je crois qu'on pardonnera à notre amitié la juſte douleur que nous marquons ici de ſa perte, que nous partageons avec la famille & les amis d'un homme ſi digne d'être regretté.

La vente de ce Cabinet ſe fera le Lundi, 28 Fevrier 1757, dans la maiſon du défunt, ruë Gilles-Cœur, la premiere porte cochere à droite en entrant par le Quai des Auguſtins.

Nous aurons ſoin d'entremêler à

chaque vacation les Desseins, Estampes & Tableaux, pour satisfaire, par la variété, les Amateurs, & on vendra exactement chaque jour les Nos. indiqués dans la feuille des vacations qui se trouve à la fin de ce Catalogue ; ainsi qu'il a été pratiqué à la vente du Cabinet de M. le Duc de Tallard.

---

*Article obmis dans le Catalogue.*

N°. 746. *bis.* Une Etude d'un homme nu, à genoux, dessinée à la plume, par Raphael : Ce morceau est bien original, & d'une grande correction de Dessein. Il est sous verre, dans une bordure dorée. On le vendra à la derniere Vacation du 15 Mars.

# TABLE

## DES MATIERES.

# CATALOGUE

DES

## DIFFERENS EFFETS

QUI composent le Cabinet de Feu M. POTIER, Avocat au Parlement.

## DESSEINS.

RAPHAEL & le Sueur ont été les Maîtres, pour lesquels M. Potier a toujours eu un amour particulier. Il s'étoit attaché à rechercher leurs desseins, avec la plus grande ardeur. Il avoit eu le bonheur de réussir dans le choix de ceux de le Sueur ; s'il n'en a pas été de même de ceux de Raphael, il faut l'attribuer à la grande rareté de ces Desseins, qui pour lors étoient presque tous renfermés dans le celebre Cabinet de feu M. Crozat; cependant après le décès de M. de Blois, il fit l'acquisition de plusieurs morceaux de mérite, parmi lesquels il s'en trouva quelques-uns qui avoient toujours passés, chez ce grand Curieux, pour des Desseins précieux de Raphael. Il seroit à souhaiter qu'ils eussent en effet le mérite de l'originalité, tel que le pensoit feu M. de Blois, qui dans son tems avoit la réputation d'un bon Connoisseur; mais la sincérité, dont nous faisons profession, ne nous permet pas d'assurer que cet Amateur ne fût pas dans l'erreur. Les Desseins de Raphael ayant été dans tous les tems l'objet de la recherche des Amateurs & des Artistes, il n'est pas surprenant que d'habiles Peintres, même du temps de ce grand Maître, aient fait des copies touchées avec art, dont le mérite fut aſſez grand pour paſſer comme originales, & comme telles, mériter de trouver place dans les meilleurs Cabinets. Nous pouvons cependant aſſurer, que dans le nombre de ceux dont nous allons donner la note, il y a des études à la plume, dont l'originalité eſt certaine; c'eſt ce que pourront aiſément remarquer les Connoiſſeurs en cette partie, qui de toutes eſt la plus difficile, & demande la plus grande application; à l'égard des Deſſeins des autres Maîtres plus modernes, tant d'Italie, que de Flandres, & de France, nous avons eu ſoin de ne les attribuer qu'à leurs véritables Auteurs, & nous avons mieux aimé en laiſſer pluſieurs à la déciſion de ceux, à la connoiſſance de qui rien n'échappe, que de riſquer de leur donner des Noms équivoques. Nous eſperons, par cette conduite exempte de déguiſement, mériter la confiance des Amateurs dans toutes les occasions où nous nous trouverons d'exposer en vente des Objets dignes de leur curiosité. Nous avons cru qu'il seroit inutile de subdiviser les différentes Ecoles d'Italie, soit dans les Desseins, soit dans les Estampes, parceque les personnes qui voudront s'instruire parfaitement de ces subdivisions, pourront consulter le Catalogue des Desseins du Cabinet de M. Crozat, fait avec soin par M. Mariette, & celui du Cabinet de M. le Duc de Tallard, où on s'est attaché à placer chaque Peintre dans sa véritable Ecole. Nous nous sommes contentés dans celui-ci, de placer les Desseins & Estampes sous les trois écoles génerales d'Italie, de Flandres, & de France, afin d'éviter de le grossir par la multiplicité des titres.

# ECOLE D'ITALIE.

1. Neuf Desseins de Michel-Ange, Bandinelle, Daniel de Volterre, & autres Maîtres Florentins. 18 2

RAPHAEL SANCIO D'URBIN.

RAPHAEL.

2. Cinq Desseins à la plume, dont une Femme qui écrit : joli Dessein fait avec beaucoup de soin ; & une étude pour le St. Jean dans le désert, qui est au Cabinet de M. le Duc d'Orléans. 38

3. Quatre Desseins à la plume : savoir une étude d'Ange, portant une guirlande, pour un tableau d'un Prophete que Raphaël a peint dans l'Eglise de St. Augustin à Rome, & qui a été gravé par Goltius : on a joint cette Estampe au Dessein ; le second est l'étude de ce Prophete : le troisieme est une étude à la plume, de la formation d'Eve, peinte dans les loges du Vatican ; & le dernier un étude d'un groupe de plusieurs figures, qui sont répetées au verso de ce Dessein avec plusieurs différences. 148

4. Cinq Desseins, dont Hebé servant le 24

RAPHAEL. nectar aux Dieux, lavé de bistre rehaussé de blanc. Ce morceau vient du Cabinet de M. Crozat.

5. Cinq Desseins, dont une Résurrection, au bistre, rehaussé de blanc, & Abraham qui reçoit les trois Anges. Ces deux Desseins viennent du même Cabinet que le précédent.

6. Deux compositions de Raphaël, dont N. S. prêchant à la porte du Temple, avec l'Estampe qui en a été gravée par Marc-Antoine.

7. Une sainte Famille, lavée d'encre de la Chine, & rehaussée de blanc: Dessein très fini, qui a toujours passé chez M. de Blois pour original de Raphaël, & très précieux. M. Potier en faisoit un cas particulier. On y a joint deux Estampes de cette même composition avec quelques différences, l'une de Cherubin Albert, & l'autre de F. Poilly.

8. Deux Desseins de la composition de Raphaël; savoir le songe de Jacob, & N. S. donnant les clefs à St Pierre.

9. Deux compositions, dont une, très finie au bistre, représente David, coupant la tête de Goliath. Il vient du Cabinet du Comte d'Arondel, où il passoit pour original & le capital de sa collection. Nous y avons joint l'Estampe.

10. Six Desseins de différens Eleves de Raphaël, Polidore, Luccas Penni & autres.

11. Huit Desseins de l'Ecole de Raphaël, dont un Satyre, tenant une chevre & badinant avec un Amour: joli Dessein de Jules Romain.

12. Quatre Desseins, dont un Saint Paul, par Perrin del Vague, & une Nativité de Jerome Siciolante de Sermoneta.

13. Six Desseins de différens Maîtres de l'Ecole de Raphaël, dont trois feuilles d'ornemens de Jean d'Udiné.

## DIFFERENS MAÎTRES.

14. Six Desseins de différens Maîtres, dont un concert d'Anges, par le Vasari.

15. Neuf Desseins, la plûpart de Labelle, dont une jolie étude de jeune homme, à la plume.

16. Quatre morceaux, dont une tête de Soldat parfaitement bien dessinée aux trois craïons, par le Bâroche, & une Sainte Therese, du Féti. Les Desseins de ce Maître sont très rares.

17. Sept Desseins, la plûpart de Zuccaro, dont Psychée reconnoissant l'Amour, & deux compositions différentes d'une Sainte Cecile.

RAPHAEL. 18. Six Desseins de différens Maîtres, dont le sacrifice d'Iphigenie, & une gloire d'Anges, par Cirofer.

19. Six Desseins, dont le Ravissement de Saint Paul, par le Romanelli.

20. Quatre Desseins, dont un portrait de femme, accompagné de divers ornemens, par le Cavalier Bernin, & un Païsage colorié de Benedetto Luti.

21. Deux fort beaux Desseins du Bachiche, dont une pensée très savante, pour un plafond : le second paroît une étude pour des groupes d'Anges du même plafond.

22. Huit Desseins, dont un Amour de l'Albane, une Vierge de Carle Maratte, & une jolie étude au craïon noir sur papier bleu, par le Dominiquain.

23. Quatre Desseins de l'Ecole de Carle Maratte, dont une feuille d'Etude du Berettoni, le meilleur éleve de ce Maître.

24. Deux Desseins; savoir N. S. donnant les clefs à Saint Pierre, très belle composition à la plume, lavée de bistre, par Vanius; le second est un groupe de trois figures, dessiné à la plume sur papier gris, & rehaussé de blanc, par Dominique Beccafumi,

dit le Micarino; dont la maniere est fort singuliere.

25. Quatre Desseins, donc la maladie d'Alexandre, belle composition de Lanfranc. 27 1

26. Trois Desseins du Corrège & de son Ecole, dont l'Etude d'une Liseuse. 9

27. Sept morceaux du Parmesan, dont la plûpart sont des études à la plume, dessinées avec toute la grace & la légereté ordinaires à cet excellent Maître; article extrêmement intéressant. 48

28. Six Dessein du Parmesan, dont une étude très finie à la plume, lavée de bistre. 56

29. Sept Desseins de différens Maîtres, dont la mort de la Vierge, grande composition du Brigio. 9 10

## LOUIS, ANNIBAL, ET AUGUSTIN CARACHE.

LES CARACHES.

30. L'Assomption de la Vierge, très beau Dessein de Louis Carache, à la plume, lavé de bistre. 30 10

31. Un Dessein capital de Louis Carache, à la plume, lavé de bistre, représentant une Vierge dans la gloire, accompagnée de plusieurs Saints. 150

Ce morceau, ainsi que le précedent, est un sûr témoignage du mé-

LES CARACHES.

rite de ce grand Maître, qui a réuni les graces du Correge, dont il étoit grand admirateur, avec le savant de la Composition; partie qui a particuliérement distingué la célebre Ecole des Caraches.

32. Sept Desseins de Louis, & Annibal Carache, dont Saint Antoine de Padoue guérissant un aveugle, par Louis, & un morceau des cris de Boulogne, dessiné à la plume par Annibal, avec l'Estampe de ce Dessein, gravée par M. le Comte de Caylus.

33. Quatre belles têtes, au craïon noir, par Annibal Carache.

Cet excellent Artiste, avec peu d'ouvrage, a su rendre dans la plus grande vérité, le caractere de toutes les têtes qu'il dessinoit pour l'exécution de ses Tableaux.

34. Cinq Desseins, la plûpart d'Augustin Carache, dont le portrait de ce Maître, dessiné par Annibal.

35. Un fort beau Dessein à la plume, d'Augustin Carache, représentant une colation champêtre.

36. Sept Desseins, dont une Academie d'homme, vue par le dos, par Annibal Carache.

37. Sept Desseins des Caraches.

38. Sept Païsages de l'Ecole des Cara-

ches; au verso d'un de ces Desseins se trouve six petites études à la plume, pour un Saint Jean dans l'isle de Pathmos. LES CARACHES.

DIFFERENS MAÎTRES.

39. Sept Desseins du Guerchin & de son Ecole, dont un beau Païsage & une Cléopâtre.

40. Deux beaux païsages à la plume, par le Guerchin. Il y en a un, dont la composition est assez étendue, ce qui n'étoit pas ordinaire à ce Maître, dont les Sites sont toujours fort simples.

41. Un très joli Dessein, représentant des jeux d'enfans, par François Brizio. Il est à la plume, très spirituellement touché au bistre; il approche beaucoup de la maniere du Guerchin. On y a joint l'Estampe qu'en a gravée M. le Comte de Caylus.

42. Quatre Desseins du Guide, dont une Nativité & un groupe pour le Massacre des Innocens; ces deux morceaux qui sont dessinés des deux côtés, ont tout l'esprit & la finesse qui caracterise les Desseins de ce gracieux Eleve des Caraches.

43. Dix Desseins du Guide, Pesarès, & autres Maîtres, dont une Vierge pré-

sentant la mamelle à l'Enfant Jesus.

44. Cinq Desseins, dont le Baptême de N. S. qu'Elisabeth Sirani a peint aux Chartreux de Boulogne ; c'est le troisieme Dessein du même sujet avec des différences, qui nous soit passé par les mains, ce qui fait voir les soins que cette fille habile, Eleve du Guide, a pris pour porter cette composition à son entiere perfection.

45. Dix Païsages à la plume, de la meilleure touche du Bolognese.

46. Sept Païsages à la plume, dont deux de Crescentio Onofrii, la plûpart des autres sont du Gobbo des Caraches.

47. Notre Seigneur trouvé dans le Temple par la Vierge & Saint Joseph ; beau Dessein du Cavedon, à la plume, lavé de bistre.

48. Huit Desseins de différens Maîtres, dont une Vierge de Camille Procacini, & une Transfiguration très spirituellement dessinée d'une maniere estompée, par André Sacchi.

49. Deux Desseins du Mutien, dont un parfaitement beau païsage à la plume.

50. Sept Desseins de différens Maîtres, dont Poliphême, par le Mole, & un concert du Primatice.

51. Un très beau Païsage à la plume, du Titien, de son meilleur tems.

Le Titien a particulierement réussi à dessiner le Païsage ; sa plume facile & savante, sans être maniérée, rend avec une grande vérité, les différens objets dont il a enrichi ses compositions, & il servira toujours de modele à ceux qui voudront dessiner le Païsage dans le grand goût.

52. Sept Desseins de Maîtres Vénitiens, dont une belle composition de Paul Farinati.

53. Onze Desseins de l'Ecole Vénitienne, dont Loth & ses filles : joli Dessein à la plume du vieux Palme.

54. Treize Desseins, la plûpart Païsages, du Campagnole.

55. Quatre Desseins Vénitiens ; savoir un bain de Diane du Tintoret, d'une belle composition & d'une touche légere : un Portrait au Pastel du Padouan ; une feuille d'Etudes parfaitement dessinée à la plume, & lavée de bistre, du jeune Palme ; & une belle composition, dans la maniere du Zuccaro.

56. Huit Desseins de différens Maîtres, dont une composition singuliere de Pietro Ligorio, représentant un Mort sortant de son tombeau en présence d'une multitude effrayée : une Nati-

vité de Michel-Ange Ceruti, très bien composée, & autres.

57. Deux Desseins; savoir Agar consolée par un Ange, du Milanese, & un Baptême de N. S. très joli Dessein du Burini, à la plume, lavé de bistre.

58. Dix Desseins de différens Maîtres, dont une Vierge du Cangiage, & un sacrifice d'Abraham du Pordenon.

59. Un Dessein de Biscaino, représentant un Vieillard vu jusqu'aux genoux; morceau très bien conservé.

60. Quatre Desseins de différens Maîtres, dont un Païsage à la plume, du Gofredi, & un autre à l'encre de la Chine, par Both d'Italie.

61. Six Desseins de Salvator Rose & de son Ecole, dont une petite frise dessinée à la plume des deux côtés, représentant des Dieux marins sur les eaux. Ce morceau est de la meilleure touche de Salvator Rose.

62. Quatre Desseins; savoir un de Sebastien Ricci, très spirituellement dessiné à la plume; le Triomphe de Neptune & Amphitrite, par Dominique Piola; la Poésie épique, composition gracieuse de Dominique Parodi, & une Vierge de Carle Maratte.

63. Trois Desseins, dont un très beau

de Giacomo del Po, repréſentant Venus donnant des armes à Achile.

Les Deſſeins de ce Maître ſont très rares; il eſt un de ceux qui ont le mieux ſoutenu à Rome le bon goût de l'Ecole de Carle Maratte.

## ECOLE FLAMANDE.

IL ſe trouve dans ces Deſſeins Flamands beaucoup de morceaux extrêmement agréables. Il y en a ſur-tout de coloriés, qui avoient été apportés de Hollande par le Sr. Helle dans ſon dernier voyage, auxquels M. Potier n'a pu ſe refuſer, pour marquer le zele qu'il conſervoit toujours pour la curioſité, dont cependant ſa derniere maladie lui a très peu permis de jouir. C'eſt principalement dans les Païſages, que l'on trouvera que les Maîtres Flamands & Hollandois ſont, de tous les Peintres, ceux qui ont le mieux réuſſi à imiter la Nature dans cette belle ſimplicité ; ce qui leur donne un caractere de vérité, qui ſera toujours le charme des Amateurs de bon goût.

64. Sept Deſſeins de différens Maîtres, dont l'Enlevement des Sabines, belle compoſition de Rothenamer.

65. Neuf Deſſeins, dont pluſieurs de Martin de Vos, une chaſſe de Stradan, & autres ſujets de différens Maîtres.

66. Huit Deſſeins de Van Tulden, Diapenbeck, Corneille Schut, & autres Eleves de Rubens.

67. Dix Deſſeins Flamands, dont un joli à la plume, de Théodore de Brie, qui repréſente le Parnaſſe.

68. Sept Deſſeins, la plûpart de Païſages, par Hans Bol, Bloémaert, & autres Maîtres.

69. Un Deſſein capital de Van-Dyck, très bien touché à l'huile, qui repréſente David à genoux, implorant la miſéricorde de Dieu, qui paroît dans le haut de la compoſition, porté ſur des nuages par des Anges. Ce morceau, qui eſt fini, eſt d'un bel effet, & tel qu'on devoit l'attendre d'un

excellent Peintre, qui a été le meilleur Eleve de Rubens.

70. Un très beau Dessein colorié, très fini de Jacques Jordaens ; représentant un Satyre qui presse des raisins ; il est accompagné de plusieurs enfans, dont un reçoit le jus des raisins dans une coupe ; au bas est un tigre endormi. Ce Dessein est extrêmement agréable, & fait l'effet d'un Tableau.

71. Un Dessein colorié, très gracieux, d'Erasme Quellinus. On y voit l'éducation d'Achilles, par le Centaure Chiron.

72. Cinq Desseins de l'Ecole de Rubens, dont une composition de Juste d'Egmond, dessinée au crayon noir, lavé de bistre.

73. Dix Desseins, la plûpart Païsages, dont un de Van Uden, & un de Goms, qui représente la Déesse Flore, accompagnée de plusieurs Divinités.

74 Quatre Desseins, dont trois de Rembrandt ; savoir un belle étude d'un homme couvert d'un manteau, un Païsage à la plume, & un autre Païsage fait au pinceau avec le bistre, dont l'effet est extrêmement piquant.

75. Un Dessein capital de Doomer, Eleve de Rembrandt, où se trouve représenté le repas de J. C. avec les

Disciples d'Emmaüs. L'effet de clair-obscur y est aussi bien exprimé, que dans les meilleurs de Rembrandt.

76. Quatre Desseins de Doomer, dont deux très finis, & d'un effet de lumiere surprenant. Le premier est un Païsage, & l'autre une chambre, dans laquelle se voit un homme méditant, & une seconde figure appuyée sur le devant de la porte.

77. Six Païsages de Roghman, Linders, Livens, & Van Eckoute.

78. Huit Païsages, dont quelques-uns des Breughels.

79. Un des plus beaux Païsages de Nieulant, dans lequel se voit un Saint Jerôme. Il est à la plume, lavé d'encre de la chine, & terminé avec très grand soin.

80. Huit Païsages, dont quelques uns de Paul & Matthieu Brill.

81. Onze Desseins de différens Maîtres Flamands, dont un Païsage, où se voit une ville dans le loingtain, par Matthieu Merian.

82. Deux Desseins, dont une feuille d'enfans, à la plume, par François Flamand. Les Desseins de ce Maître sont de la plus grande rareté.

83. Six Desseins, parmi lesquels est une belle feuille d'études, à la mine de plomb, par D. Teniers.

84. Sept Deſſeins, dont deux belles compoſitions de Verſcuring.

85. Six jolis Deſſeins, ſujets & Païſages; ſavoir un Païſage de Van Schellinx, un de Van Keſſel, le ſermon ſur la montagne, par Bramer, une vue de jardin, par Joſué de Grave, un ſujet de Van Orlay, & une vue de Willem Baur.

86. Cinq Païſages deſſinés avec ſoin, entr'autres un de Vander Ulſt, au biſtre, & un de Pronk, colorié.

87. Six Païſages; ſavoir, deux très beaux, d'Aſſelin, où ſe voient des ruines de Rome; un Deſſein colorié, de Van Kalle, exécuté avec beaucoup de propreté; deux de Van Uden, dont un colorié, qui eſt deſſiné avec légereté, & un de Vaterlo, colorié. Cet article eſt fort agréable.

88. Sept Deſſeins; ſavoir, trois de Laireſſe, un d'Eliſer, très fini pour un titre de livre, & trois Païſages à la plume, d'Albert Flamen, deſſinés tout-à-fait dans le goût de Callot.

89. Six Deſſeins de Païſages Flamands, parmi leſquels on diſtingue un morceau de Both, parfaitement bien compoſé, où ſe voit un Cavalier, buvant devant la porte d'un cabaret, à l'entrée d'une ville.

90 Trois Desseins; savoir, un Païsage dessiné avec un soin extrême, par A. Van Croos, une vue, par Hollard, & un morceau très fini de Mieris, représentant un salon, où se voit un Joueur de guittare, & dans le lointain plusieurs figures qui se promenent. Les Desseins de ce Maître sont fort rares, sur-tout d'un aussi grand fini que celui-ci. M. Potier en faisoit un cas particulier.

91. Quatre beaux Païsages; savoir, deux de Zeeman, d'un effet très piquant; un de Moucheron, & un de Molyn.

92. Douze Païsages de Maîtres Flamands; savoir, trois de Neyts, coloriés, un de Corn. Sckalke, & autres.

93. Six Desseins, dont un petit sujet champêtre, au crayon rouge, par Van Romeyn.

94. Six Desseins; savoir, un sujet champêtre de Roos, une Vache de Charles du Jardin, un départ pour la chasse à l'oiseau, par Huttemburg; les trois autres sont des Païsages, dont un d'Everdingen, très fin.

95. Quatre Desseins; savoir, un Païsage de Wlieger, d'un effet piquant, un de Troost, d'un composition singuliere, un très joli colorié de Linders,

& une assemblée de Quakers, par Schellings.

96. Sept Desseins de Van Goyen, Blyhooft, & autres Maîtres.

96. *bis*. Quatre Desseins de différens Maîtres, dont une grande composition du Vieux Franck, représentant les nôces de Cana.

97. Six Desseins, parmi lesquels est un joli Païsage au bistre, orné de monumens antiques, par Rademaker.

98. Six Païsages de différens Maîtres Flamands, dont un petit, colorié, par Henri Spelman, Maître moderne de la Hollande.

99. Deux très jolis Desseins coloriés, un de Cuyp, & un de Chaalons; ce dernier est très fini.

100. Huit Desseins de différens Maîtres Flamands; Païsages & Sujets.

101. Cinq Desseins Chinois, dans l'un desquels se voit un oiseau, singulierement exécuté en plumes naturelles.

# ECOLE FRANCOISE.

CE qui constitue la partie principale de cette collection de Desseins François, c'est une belle suite de morceaux de le Sueur, que M. Potier avoit commencée depuis fort longtems, & qu'il avoit toujours augmentée dans les occasions qui s'étoient présentées. On y trouvera beaucoup de sujets, qui, bien que légerement terminés, ainsi que le sont presque toutes les compositions de ce Maître, ne laissent pas que de donner une grande idée du génie savant qui les a produits. Le Sueur rempli de son sujet, se contentoit d'en exprimer les pensées avec vîtesse sur le papier, ne les indiquant le plus souvent que par un simple trait; mais ce qu'il a fait avec le plus de soin, ce sont les études, d'après lesquels il peignoit ses Tableaux;

on en trouvera ici un grand nombre, qui feront juger aux Amateurs, que c'eſt avec raiſon qu'on a dit, que cet Homme admirable étoit animé du même génie que Raphaël. En effet, on y trouve cette grande maniere qui réunit toutes les beautés de l'antique avec la belle Nature; Draperies jettées avec grace, attitudes ſages & ſavantes, caracteres de têtes, nobles & touchants; en un mot, tout ce qui forme un excellent Maître ſe trouve réuni dans les ouvrages de le Sueur, & les met preſque de niveau avec ceux de Raphaël, qui, ſans contredit a toujours été regardé comme le premier de tous les Deſſinateurs.

ETUDES D'EUSTACHE LE SUEUR.

| | LE SUEUR. | |
|---|---|---|
| 102. Neuf Etudes de le Sueur, la plûpart de têtes. | 48 | 10 |
| 103. Neuf Etudes, dont pluſieurs d'Enfans. | 50 | |
| 104. Douze Deſſeins, Etudes & Compoſitions. | 24 | 11 |

LE SUEUR.

105. Huit Etudes, dont celle de l'aveugle né pour le Tableau que le Sueur a peint de ce sujet, qui étoit dans le Cabinet de feu M. le Duc de Tallard, & qui est passé dans celui du Roi de Prusse.

106. Neuf Etudes, la plûpart de la premiere maniere de le Sueur, qui tient de celle du Vouët.

107. Quatre Etudes, parmi lesquelles il y en a trois qui ont été faites pour les Tableaux de la vie de Saint Bruno, peints au cloître des Chartreux de Paris; savoir, l'Etude de l'Officier, couché dans sa tente, à qui Saint Bruno apparoît, pour l'avertir du complot qui avoit été formé contre sa vie; ce Tableau est le 20e. de la suite: un Ange qui est dans le septiéme Tableau du même cloître, & un petit Ange couché sur un des portiques, peint entre chaque Tableau, sur lesquels on a écrit en vers la vie du Saint, & dont le Clerc a gravé un morceau, pour servir de titre à la suite que Chauveau a donnée au Public, des belles Peintures, dont le Sueur a enrichi ce Cloître.

108. Sept Etudes du meilleur temps de le Sueur, dont une figure de Vieillard vue de profil, qui est dans le beau

Tableau

Tableau de Notre-Dame, représentant Saint Paul, faisant brûler les livres des Philosophes; une autre Etude pour le même Tableau, d'un homme qui tient des livres; une Etude de l'homme qui tire le drap qui est sous le Saint Laurent, dont le Tableau étoit autrefois à Saint Germain l'Auxerrois, & qui est présentement au Cabinet de M. de la Live de July, Introducteur des Ambassadeurs; un Ange de la Gloire qui se voit dans le même Tableau, & plusieurs autres.

109. Neuf Etudes, dont celle de N. S. pour un Tableau du lavement des pieds.

110. Quatre belles Etudes au craïon noir, rehaussé de blanc sur papier gris, dont celle d'une figure, vue par le dos, dans le Tableau de la maladie d'Alexandre, qui est au Palais-Royal.

111 Huit Etudes, entre lesquelles on en remarque une qui représente Dieu le Pere, dessinée dans le plus grand goût de Raphaël.

112. Sept belles Etudes pour les Muses, qui ont été peintes par le Sueur à l'hôtel Lambert. Elles sont sur papier gris, dessinées au craïon noir, rehaussé de blanc.

LE SUEUR.

## COMPOSITIONS DE LE SUEUR.

113. Douze Desseins, dont le Serpent d'Airain, & un repos en Egypte.

114. Onze Sujets, dont un Christ au tombeau, & Moyse qui change sa baguette en serpent devant Pharaon.

115. Sept Desseins, dont le Saint Louis qui a été peint par le Sueur, pour la Paroisse de Saint Louis-en-l'Isle.

116. Trois Compositions, dont le Baptême de N. S. & le même Dessein répété d'une maniere plus terminée.

117. Cinq Desseins, Esther devant Assuerus, une Nativité, & autres.

118. Cinq différentes Compositions.

119. Trois Desseins; savoir, la France couronnée par la Victoire, accompagnée de plusieurs figures allégoriques, & deux Compositions semblables de Jesus-Christ, qui montre la Religion. Un de ces deux Desseins est plus terminé, ayant été fait pour être gravé.

120. Six Compositions, dont un Bain de Diane avec la Nymphe Calisto, peint à l'hôtel Lambert; & Caligula qui fait mettre les cendres de sa Mere dans le tombeau de ses aïeux. Ta-

bleau qui a été peint par le Sueur pour M. de Guenegaud.

121. Quatre Desseins, dont le Martyre de Saint Sebastien, & une Etude du même Saint au craïon noir, rehaussé de blanc sur papier gris. 26 19

## DIFFERENS MAÎTRES.

122. Six Desseins du Poussin, dont plusieurs d'après l'antique. 20

123. Douze Desseins, la plûpart Païsages, dont quelques-uns du Poussin. 6 10

124. Trois Desseins, dont deux belles compositions de la Hire; savoir, la Présentation de la Vierge au Temple, & celle de N. S. Ces deux morceaux sont de toute beauté. La composition approche beaucoup de celle de le Sueur. 48

125. Dix Desseins, dont une belle Nativité de Vouët, & un Baptême de N. S. par Vernansal. 12

126. Trois belles Compositions de le Brun; savoir, le Sacrifice d'Iphigenie dans l'instant que cette Princesse est enlevée par Diane, qui substitue une biche à sa place. La seconde est la naissance d'Adonis, & la derniere une Allégorie. 40

127. Huit Desseins de le Brun, & de 23 10

Frere Luc son Eleve, dont l'Etude de la Madelaine : Tableau célebre, peint par le Brun, aux Carmelites du Faubourg Saint Jacques.

128. Sept Desseins, dont la verge de Moyse changée en serpent ; belle composition de la Fage à la plume, lavée d'encre de la Chine, & un autre Dessein du même, très fini, sur vélin, représentant Diane surprise dans le bain par Actéon ; morceau précieux.

129. Une grande & belle composition de Jouvenet, représentant N. S. à qui on amene des enfans. Les Desseins de cet excellent Maître, dont la maniere est si grande, sont fort rares.

130. Neuf Païsages d'Alegrain, Genoëls, Lallemand, & autres.

131. Six Païsages du Gaspre, & de Forest.

132. Huit Desseins de Corneille, dont Noë rendant graces à Dieu au sortir de l'Arche.

133. Quatre jolies compositions de Corneille; dans le nombre desquelles il y a deux différens sujets de la Nativité.

134. Neuf Païsages de Françisque, & autres.

135. Six Desseins de Callot, Païsages, Etudes & Compositions, dont un grand

sujet qui paroît représenter la position d'une premiere pierre d'Eglise, par un Evêque. Ce morceau n'a jamais été gravé.

136. Huit Desseins de Callot, dont le Parterre de Nancy, & le Lavement des pieds, qui est un des morceaux de sa grande Passion.

137. Trois Desseins des Silvestres, dont un beau Païsage à la plume, par Israël Silvestre.

138. Douze Païsages de Perelle, & autres.

## DESSEINS DE LE CLERC.

LE CLERC.

M. Potier doit la plûpart des Desseins de cette suite, à l'amitié que M. le Clerc lui portoit; ainsi on doit être persuadé de leur originalité : on n'y trouvera pas moins d'agrémens que dans les Estampes de cet habile Maître, & la touche, qui en est bien plus spirituelle, met dans tout leur jour les talens qu'il possedoit d'une composition noble & savante, & d'une exécution nette & précise.

LE CLERC.

18. 8 139. Dix-huit Desseins de Vignettes & Etudes.

19. 1 140. Treize Desseins, dont quatre feuilles du Caractere des Passions, d'après le Brun.

42 10 141. Huit Desseins, dont plusieurs morceaux d'Architecture pour le Vitruve.

97 1 142. Seize Desseins, Etudes & Vignettes, y compris deux oiseaux, dessinés avec un grand soin.

35 143. Deux Vignettes; savoir, celle de l'Histoire Metallique de la Hollande, par Bizot; & le Concile, qui fait partie des douze morceaux de l'Histoire Ecclésiastique.

38 2 144. Trois jolis Desseins; savoir, le Désespoir de l'Amour qui a perdu Psychée; morceau qui fait partie des quatre que le Clerc a gravés pour M. Potier; les deux autres sont deux Vignettes; celle de la bibliothéque de M. de Thou, & une qui n'a jamais été gravée, représentant Venus accompagnée des Graces, qui engage l'Amour à la venger de Psychée.

48 2 145. Deux jolis Desseins, très-finis, en camaïeux, qui représentent des Anges sur des nues.

66 1 146. Le titre du Labyrinthe de Versailles, Dessein très fini à l'encre de la

Chine, & une Vignette, représentant les quatre Evangelistes. Ces deux morceaux sont précieux. Le premier n'a jamais été gravé, & le second l'a été en bois. LE CLERC.

147. Quinze Médailles pour l'Histoire de Louis XIV, la plûpart au trait.

148. Huit Médailles pour la même Histoire, dont plusieurs sont d'un beau fini.

149. Quatre Médailles. *idem*, très finies à l'encre de la Chine.

150. Quatre autres Médailles de la même condition.

## DIFFERENS MAÎTRES.

151. Six Desseins, dont une Vierge de Mignard; Venus sur les eaux d'Ant. Coypel, & un Païsage de Chaufourier.

152. Quinze Desseins de Compositions & de Païsages, de différens Maîtres, dont un sujet allégorique de Jacques Stella, qui représente le Temps qui découvre les Sciences, Dessein très fini à l'encre de la Chine.

152. *Bis*. Cinquante Desseins de Païsages de différens Maîtres,

153. Cinq Desseins; savoir, deux belles

compositions d'Alexandre, la forge de Vulcain, par Roëttiers, une caricature singuliere, & un Dessein de Soulay, Maître dont les ouvrages sont rares.

154. Dix Desseins, la plûpart d'Ornemens, par Oppenor, Charmeton, & autres.

155. Neuf Desseins de la Fosse, Marotte, Houasse, & autres, dont un beau sujet de plafond, par de la Fosse.

156. Quatorze Desseins; savoir, deux Etudes au pastel, par Noël-Nicolas Coypel, une Vierge de Mignard, & autres.

157. Neuf Desseins de Parocel le pere, Vander Meulen, Martin, & autres, dont un combat de Hussards, très fini, à la mine de plomb, sur vélin, par Smith, Graveur Allemand.

157. *Bis*. Quatorze Desseins d'Oudry, Animaux & Païsages.

158. Onze Desseins de Gillot, Wateau, & autres.

158. *Bis*. Une très belle tête, plus grande que Nature, parfaitement dessinée au craïon rouge, pour le Louis XIII, qui est dans le Tableau du vœu de ce Prince, que M. C. Van-Loo a peint aux Petits-Peres de la Place des Victoires. Ce morceau touché fierement,

est digne du célebre Artiste dont il sort.

159. Huit Desseins de différens Maîtres, dont une feuille d'Etudes, & une jolie tête au pastel, l'une & l'autre de le Moine.

159. *Bis*. Huit Desseins d'Etudes de figures, par le Moine & M. C. Vanloo.

160. Deux Desseins de Bernard Picard; savoir, un au craïon rouge, qui représente la maladie d'Antiochus, découverte par le Médecin qui lui tâtoit le cœur à l'approche de la Reine Stratonice sa belle-Mere, dont ce Prince étoit devenu amoureux; le second est un joli titre de livre.

161. Six Desseins; savoir, deux de M. Boucher, trois de son Ecole, & une belle grisaille, inventée & peinte par feu M. de Gravelle, Conseiller au Parlement; elle représente la Justice, assise sur des nues, tenant l'épée & la balance. On voit à ses pieds deux enfans, tenant le livre des Loix. Ces enfans sont de la main de M. Boucher.

161. *Bis*. Onze Desseins de différens Maîtres, dont trois têtes, par M. Boucher.

162. Huit Desseins, la plûpart de la Joue, dont un joli port de Mer; Dessein colorié.

162. *Bis.* Trente Desseins d'Architecture Militaire, très proprement dessinés à l'usage des Ingénieurs.

163. Trente Desseins de différens Maîtres.

164. Cinquante-cinq Desseins. *Idem.*

165, Soixante & six Desseins de différens sujets.

165. *Bis.* Soixante & onze. *Idem.*

# ESTAMPES.

LA partie des Estampes, principalement celles d'Italie, ayant été particulierement l'objet des recherches de M. Potier, elle fait le capital de ce Cabinet; on y trouve plusieurs œuvres d'une grande étendue, dont les épreuves ont été choisies avec l'attention la plus scrupuleuse, tels que sont les Œuvres de Marc-Antoine, des Caraches, de Spiere, de Callot, qui est un des plus beaux œuvres de ce Maître, connu à Paris, par la quantité de morceaux rares qui s'y trouvent. Celui de le Clerc n'est pas moins recommandable. On peut dire même que l'amitié que M. Potier portoit à l'Auteur, s'est étendue jusqu'à ses ouvrages, dont il recherchoit scrupuleusement jusqu'aux moindres morceaux. Il avoit aussi recueilli un œuvre de la Belle, qui bien que moins complet que les autres, est cependant composé des meilleurs morceaux de ce Maître. Les Artistes modernes n'ont pas été négligés dans ce Cabinet, qui renferme un très bel œuvre de Bernard Picard; les autres œuvres des bons Maîtres s'y trouvent aussi dans une belle condition; tels que ceux d'Edelinck, Rigauld, & autres. Le détail que nous en allons faire, mettra les Amateurs en état de juger du mérite de cette colection.

---

## ECOLE D'ITALIE.

166. LEs Prophêtes & les Sibylles, gravés par Georges Mantouan, d'après Michel-Ange.

167. Le Jugement dernier de Michel-Ange, gravé par Martin Rota: premiere épreuve de toute beauté, parfaitement conservée sur son papier, sans être collée.

LA BELLE.

## ŒUVRE DE LA BELLE.

168. Vingt-neuf Estampes, dont plusieurs Vierges du Cabinet du Grand Duc.*

169. Le Reposoir, Piece capitale de la Belle d'une très bonne épreuve.

170. Le Saint Prosper, Piece rare & très belle, premiere épreuve, avant les armes qui s'y voient ordinairement.

171. La vue du Pont-neuf, Piece considérable pour la composition, à cause de l'étendue de la vue, & de la multitude de Figures dont elle est ornée. Celle-ci est une premiere épreuve, avant que le coq ait été gravé sur le clocher de St Germain l'Auxerois.

172. Cent quinze Piéces de Croquis ou Estampes, gravées d'une maniere pittoresque, y compris celles de M. le Comte de Caylus, & le portrait de la Belle, par Hollard.

173. Le grand & petit Livre à Dessiner, & les têtes Persiennes, faisant en tout soixante-huit Piéces.

* Les Pieces du Cabinet du Grand Duc sont celles, dont les Planches étoient à Florence, dans le Cabinet de ce Prince qui les avoit fait graver.

LA BELLE. C'eſt particulierement dans ces ſuites que la Belle s'eſt le plus diſtingué, tant par le bon goût de Deſſein, où il égale les plus grands Maîtres d'Italie, que par le travail ſpirituel de ſa pointe, qui met cet excellent Artiſte au-deſſus de Callot, & de tous les Graveurs en petit, qui par un travail trop arrangé, ont donné à leurs Eſtampes un froid, dont celles de la Belle ſont exemptes.

174. Soixante & deux Pieces en pluſieurs ſuites; ſavoir, les Animaux en vingt-quatre Piéces, les Agréables diverſités de Figures en 13 piéces, & les divers Caprices en 24 piéces.

175. Quatre repréſentations de Siéges; ſavoir, la Rochelle, Arras, Porto Longone, & Piombino.

176. Dix-neuf Pieces; ſavoir, les Conduites des Troupes & Canons, dediées à M. de la Roche-Guyon, en treize Piéces, à cauſe d'une qui eſt double avec des différences, & les *Varii Caprici militari* en ſix Piéces.

177. Vingt & une Eſtampes; ſavoir, la ſuite des ſujets de Paix & de Guerre,

LA BELLE.

dediée au Marquis de Maulevrier en ſix Pieces ; les deux petites vues de la Place Royale & du Pont-neuf avant la lettre ; les *Varie Figure* en ſept Pieces, le Combat Naval devant Rhodes, & les cinq morts des Innocents.

178. Quatre jolies ſuites ; ſavoir, les divers Embarquemens, les Petites Marines, dédiées au Sgr. Tomaſo Guidoni ; les Païſages Maritimes, & les quatre Elémens : en tout vingt-huit Piéces. 5

179. Dix Piéces, dont trois Titres de Livres rares ; ſavoir, le Dialogue de Galilée, les Comentaires de Blaiſe de Montluc, & le Mercure de Vittorio Siri. 30

180. Quatre Piéces fort rares des premiers temps de la Belle ; ſavoir, une Figure Polonoiſe ; un Païſan appuyé ſur un bâton ; un petit Sujet au trait, repréſentant un enfant, qui, avec un maſque, fait peur à ſes camarades, & une piece où ſe voient trois mandians au milieu d'un Païſage. 73.1

181. Quatorze Eſtampes, dont une petite ſuite de fantaiſie du premier temps de la Belle, un bas relief d'après Polidore, & autres morceaux rares du Cabinet du Grand Duc. 48.10

LA BELLE.

182. Vingt-trois morceaux, dont les inventions facétieuses d'Amour & de Guerre, & le Trivelin avec le fond, qui représente la vue de Paris. Cette Piece n'est pas commune.

183. Neuf Estampes, dont la suite de l'entrée de l'Ambassadeur de Pologne à Rome en 1663, en six feuilles: bonnes épreuves.

184. Quarante-quatre Pieces, dont les Vases, la suite des Exercices de Cavalerie, le Cours de la Loire, & autres Pieces.

185. Dix beaux Païsages en hauteur, dont les six grands, dans lesquels se voient plusieurs ruines de Rome, & le Vase de Medicis; suite intéressante, dont les épreuves sont belles & anciennes.

186. Vingt-cinq Païsages de forme ronde, dont plusieurs rares du Cabinet du Grand Duc.

187. Trente-quatre morceaux, Figures & Païsages, dont la suite des Caprices en treize Pieces.

188. Quarante Estampes, dont la suite des Païsages, dediée à M. le Duc d'Anguien, en douze Pieces: les Païsages de Colignon, d'après la Belle, & plusieurs vues de Maisons-Roïales;

& autres Edifices de Paris, d'Israël Silvestre, dans lesquels la Belle a gravé les Figures.

189. Quarante-deux Cartouches, grands & petits, ce qui fait la suite complette.

190. Dix-huit Pieces, dont les feuilles de Blazon de la Colombiere, & une suite de Chevaliers armés, portant leurs Ecus, & montés sur des chevaux caparaçonés.

191. Quarante-trois Estampes, la plûpart de frises & ornemens.

192. Dix-sept morceaux, dont deux Bachanales de forme ronde; plusieurs Figures de Polonois & de Turcs, Piéces rares, du Cabinet du Grand Duc.

193. Treize Pieces, la Pompe Funebre de l'Empereur Ferdinand II. en quatre morceaux: la Maison de la Vierge à Lorette, en six Pieces, dont la Belle a seulement gravé le Titre, & autres.

194. Trente Estampes; savoir, les Scénes de la Tragedie de Mirame, en six Piéces, le Balet des Indiens, des Ours, des Autruches, & autres fantaisies en quatorze Piéces: les quatre Saisons, &c.

LA BELLE.

195. Le Grand Carousel, rare, en treize Pieces.

196. Trente Estampes; savoir, les différentes vues du Port de Livourne, en six Pieces: une suite de Paisages & Figures, en huit Pieces, & deux suites de Marines, dediées au Prince de Toscane, de chacune huit Pieces, qui ont été repetées par la Belle.

197. Les quatre Jeux complets; savoir, la Géographie, les Rois de France, les Femmes Illustres, & les Métamorphoses: ces dernieres sont avant la Lettre: On y a joint le Hérault d'Armes, appellée Mont-Joie Saint Denis.

Ces Jeux avoient été imaginés par Desmarets, Autheur du Poëme de Clovis, par ordre du Cardinal de Richelieu, pour l'instruction de Louis XIV, alors Dauphin, afin de lui faciliter l'Etude de l'Histoire & de la Fable.

198. Onze Piéces, dont plusieurs Décorations de Théatre, d'aprés Alphonse Parigi, & la Chasseresse qui tient un chien en arrêt; morceau rare, du Cabinet du Grand Duc.

199. Les Cavaliers Polonois & Maures, en douze Piéces, de forme ronde, y compris les rares du Cabinet du Grand Duc. LA BELLE.

200. Vingt-neuf Estampes, dont la suite des Jardins du Grand Duc de Toscane, appellée les Pratolines, & plusieurs entrées d'un Carousel, fait à Florence. 58

201. Dix-sept Pieces; savoir, les Chasses, en neuf Pieces; les Aigles, en six Pieces, & les deux Ecrans, chargés de rebus. 18 10

## ŒUVRE DE MARC-ANTOINE.

De toutes les Estampes, celles de Marc-Antoine sont les plus difficiles à trouver bien conditionnées & bonnes d'épreuve, ce qui n'est pas surprenant, vu l'éloignement du temps où elles ont été gravées. Marc-Antoine, Comtemporain de Raphael, est, pour ainsi dire, le premier qui ait gravé; car si on en excepte les Estampes d'Albert Durer, qui ont ouvert à cet excellent Artiste la carriere brillante qu'il a fournie avec tant

MARC-ANTOINE.

de succès; celles de la plûpart des autres Graveurs, qui n'avoient apporté, dans cette enfance de l'Art, que des talents médiocres, tels que Martin d'Anvers & les autres vieux Maîtres, n'ont d'autre mérite que celui de l'ancienneté. Les Estampes de Marc-Antoine feront toujours les délices des Connoisseurs; car si le travail, trop égal de son burin, ne leur donne pas l'intelligence que l'on admire dans les Estampes du Carache, & dans celles des Graveurs Flamands sortis de l'Ecole de Rubens; du moins on y trouve une grande pureté de Dessein, qui rend avec précision le vrai caractere de Raphael & des autres Maîtres, d'après lesquels M. Antoine a gravé; ce qui a fait dire à quelques-uns que Raphael avoit tracé lui-même sur la Planche, le trait de ses Estampes: ce qui, cependant ne paroît pas vraisemblable, vû le temps que cette opération auroit pris à ce grand Peintre,

MARC-ANTOINE.

qui a fini tant d'Ouvrages dans l'espace d'une vie très courte. La Collection, dont nous allons donner le détail, est considérable, principalement pour la beauté des Epreuves. Nous avons eu soin d'annoncer exactement la condition des principales Pieces, particulierement lorsqu'elles sont sur leurs papiers simples, ce qui est d'une extrême conséquence, parceque lorsque ces Piéces sont collées, cela marque ordinairement qu'elles sont fatiguées. Nous esperons que les Amateurs saisiront avec plaisir cette occasion, d'acquerir des morceaux que l'on ne rencontre communement que d'Epreuves foibles, ou retouchées, & qui ne méritent aucune considération.

202. La Cêne, d'après Raphael, épreuve de la premiere beauté, & d'une conservation admirable sur son papier. 301

203. Notre Seigneur sur des nues, entre la Vierge & Saint Jean : dans le bas se voient Saint Paul & Sainte Ca- 206

MARC-ANTOINE.

therine. Cette composition, qui est connue sous le nom des cinq Saints, est une des plus belles Estampes de M. Antoine : l'épreuve que nous annonçons, est d'une beauté supérieure, & nous pouvons assurer qu'il est impossible d'en trouver qui la surpasse ; elle est parfaitement conservée sur son papier, & d'une fraicheur singuliere.

204. Le Massacre des Innocents, d'après Raphael, premiere planche, appellée, vulgairement au chicot, à cause d'une pointe de sapin, qui s'éleve au dessus des arbres à la droite de l'Estampe. Ce morceau est extrêmement rare, & ne se trouve pas si facilement que la seconde, qui fut recommencée par M. Antoine : l'épreuve en est belle, & bien conservée.

205. La seconde Planche du Massacre des Innocents, bonne épreuve, bien conservée.

206. Neptune, calmant les flots, ou le *Quos ego* : premiere & parfaite Epreuve, très bien conservée sur son papier. Cette Piece, qui est une des principales de M. Antoine, se trouve difficilement sans être retouchée. Dans les Epreuves ordinaires, les muscles de l'estomac du Neptune sont

bien plus marqués, ce qui donne à l'Estampe une dureté desagréable ; aussi les Curieux délicats n'estiment que les premieres Epreuves, telles que celle-ci ; mais elles sont fort rares. MARC-ANTOINE.

207. Sainte Cecile, accompagnée de plusieurs Saints, Estampe célebre de M. Antoine : cette Epreuve est du nombre de celles que l'on appelle communément parmi les Curieux, la Sainte Cecile au Collier, à cause d'une ombre un peu forte, qui est sous le menton de la Sainte : dans les Epreuves médiocres, cette ombre est beaucoup plus foible : celle-ci est bien conservée.

208. Le Martyre de Sainte Martine, premiere & parfaite Epreuve, dans laquelle l'oreille de la Sainte ne paroît point, elle est de la plus grande conservation sur son papier.

209. Saint Paul prêchant dans Athenes, composition que Raphaël a exécutée avec quelques differences, pour les Tapisseries des Actes des Apôtres : ce morceau est d'une grande perfection pour la beauté de l'Epreuve, & bien conservé sur son papier.

210. Le Jugement de Paris, Piece re-

MARC-ANTOINE.

commandable, dont l'épreuve est très-belle.

211. Les deux différentes compositions de la Vierge de Douleur, debout devant le Christ mort; la premiere, qui n'a point de tronc d'arbre dans le Païsage qui sert de fond, est extrêmement rare: l'épreuve en est fort belle.

212. Le petite Peste, Estampe rare, dont l'épreuve est bien conditionée sur son papier.

213. David qui coupe la tête de Goliath, belle Estampe, qui est une des plus difficiles à trouver, bien conservée. Celle-ci y est bien conditionée.

214. L'Histoire de Psychée, d'après Raphaël, en trente-deux Pieces, premieres épreuves. Elles sont avant le nom de *Salamanque*, qui étoit un Marchand, qui fit retoucher ces Planches par Augustin Venitien. Il n'y a que les premieres épreuves qui soient dignes des vrais Amateurs, mais elles sont fort rares,

215. Quatre Estampes; savoir, les trois Angles, peints par Raphaël au palais Chizi: l'un représente l'Amour & les trois Graces: le second, Jupiter qui caresse l'Amour, & le troisieme, Mercure qui vole, tenant une trompette

MARC-ANTOINE.

pette à la main. La quatrieme Estampe est la Piece, appellée le Zodiaque. Tous ces quatre morceaux sont très beaux d'épreuve, & bien conservés.

216. Le Songe de Marc-Antoine. C'est le nom que les Curieux donnent à une composition, où se voient deux femmes nues, couchées & endormies, aïant à leurs pieds plusieurs animaux fantasques. Dans le fond est une Ville en feu. Cette épreuve est extrêmement vigoureuse, mais sa conservation n'est point parfaite. Cette Estampe est fort rare.

217. La descente de Croix : Epreuve bien conservée sur son papier.

218. La Vierge, appellée communement à la longue Cuisse, d'une épreuve assez bonne.

219. Deux différentes Compositions, de la Proclamation d'un Empereur sur le champ de bataille, après une victoire. Une de ces deux Pieces, qui est sur son papier, est d'après un bas relief antique. Elles sont l'une & l'autre d'une grande beauté d'épreuve.

220. Deux belles Estampes : savoir, Alexandre qui fait ouvrir des tombeaux, & une Bataille, d'après un bas relief antique. Ces deux morceaux

MARC-ANTOINE.

sont parfaits d'épreuve, & conservés sur leurs papiers.

221. Quatre Pieces, dont Joseph & la Femme de Putiphar; épreuve parfaite, sur son papier.

222. Trois morceaux; savoir, une danse d'Amours, & deux différentes compositions d'une Femme qui se poignarde; on lit à côté une Inscription Grecque. Quelques-uns, quoique faussement, appellent ces deux Piéces les Cléopâtres; elles sont rares, & des plus belles de M. Antoine, principalement la plus petite. Ces trois Estampes sont parfaites d'épreuve, & la plus grande des deux Femmes est sur son papier simple.

223. La Cêne, & le Parnasse, épreuves passables. La derniere est fort bien conditionée.

224. Cinq Estampes, dont la Carcasse, Piece singuliere, premiere épreuve, très belle; cette Piece a été depuis retouchée par Augustin Venitien, qui y a mis sa marque; & la Piece appellée la Pile, qui est une Bachanale, faite en maniere de frise, elle est très rare, & difficile à trouver bonne épreuve.

225. Six Estampes, dont plusieurs rares,

MARC-ANTOINE.

ſavoir, Venus & l'Amour, le Paſſage de la Barque, une Charité, les trois Maries allant au Sépulchre, & autres.

226. Vingt-trois Eſtampes, très rares, des premieres manieres de Marc-Antoine; dont le pomeau d'Epée de Charles Quint, & onze têtes de Papes, en forme de Medailles.

227. Le Maſſacre des Innocents, d'après le Bandinelle, Eſtampe commencée par M. Antoine, & finie par Silveſtre de Ravenne, & le Martyre de Saint Laurent, d'après le même Bandinelle, très belle Epreuve, bien conſervée, ſur ſon papier.

228. Six Eſtampes de choix; ſavoir, Hercule qui étouffe Anthée, Jupiter en Satyre & Antiope, le Dieu Priape, une petite Bachanale, & la Caſſolete, originale & copie.

229. Quatre Eſtampes, dont Iphigenie en Tauride, à qui on amene Oreſte & Pilades pour être ſacrifiés : compoſition d'après un bas relief antique; & Adam & Eve chaſſés du Paradis terreſtre, Piece très rare.

230. Dix-huit Eſtampes de M. Antoine, & autres Maîtres de ſon Ecole Il y a dans le nombre deux Figures d'Appollon, très rares, principalement

MARC-ANTOINE.

celle qui est la moins ombrée, & la Vierge au Poisson, Piece qui n'est pas commune.

231. Six Estampes; savoir, les trois Graces, un petit Triomphe, un Sujet de Fantaisie, un Crucifix accompagné de la Vierge & de Saint Jean, une Sainte Famille, & un Sujet Allégorique, sur l'exclusion d'Adam & Eve du Paradis terrestre.

231. *Bis.* Six Piéces: savoir, les trois Graces, d'après un bas relief antique, Epreuve parfaite; Venus & l'Amour accompagnés d'une des trois Déesse qui remet son vêtement, Etude du Jugement de Paris; une femme tenant d'une main un vase, & versant de l'autre une aiguerre d'eau; Piéce rare des premiers temps de Marc-Antoine, épreuve très belle; & la Cléopatre couchée, d'après l'antique, avec deux copies différentes de cette Piece.

232. Sept Pieces qui représentent des Vertus.

233. Douze morceaux, presque tous rares, dont une femme debout contre un arbre, sur un rocher au milieu de la Mer; composition dans la maniere d'Albert Durer; deux Figures de femme dans la même maniere,

MARC-ANTOINE.

dont une a le pied droit posé sur un globe, & tient un vase enflammé de la main gauche ; & autres.

234. Dix Estampes ; savoir, deux différentes Vierges dans la gloire, dont une est très rare avec le fond blanc. Augustin Carache y a depuis ajouté deux têtes de Cherubins : on trouvera cette épreuve dans l'Œuvre des Caraches ; la Vierge donnant la mamelle à l'Enfant Jesus, Piéce rare, très belle d'épreuve, &c.

235. Dix-huit Pieces, dont plusieurs Statues de Muses ; une Femme qui s'arrache les cheveux, & une qui est assise sur un Lion, ayant à ses côtés un Dragon : ces deux Piéces sont fort rares.

236. Seize Pieces rares, dont plusieurs des premieres manieres de Marc-Antoine.

237. Quinze Pieces, dont plusieurs rares.

238 Cinq Estampes de M. Antoine & autres Maîtres de son Ecole.

239. Vingt-neuf petites Piéces de Saints & Saintes, suite difficile à rassembler.

240. Quatre Estampes, dont la Carcasse & le Neptune.

241. Quinze morceaux de différents sujets.

MARC-ANTOINE.

242. Deux belles Pieces; ſavoir, N. S. prêchant à la porte du Temple, & le Sujet d'Ananie qui tombe mort aux pieds des Apôtres : cette derniere eſt d'Auguſtin Venitien, elle eſt rare, d'une très belle épreuve, & bien conditionée.

243. Deux Pieces; ſavoir, la Reine de Saba, par Silveſtre de Ravenne, & le Parnaſſe de M. Antoine : Epreuve parfaitement bien nourrie. Il eſt fâcheux que cette Piece ne ſoit pas d'une belle condition; c'eſt une des plus gracieuſes compoſitions de Raphael.

### DIFFERENS MAÎTRES, ELEVES DE MARC-ANTOINE.

244. Vingt-deux Eſtampes d'Auguſtin Venitien, & autres, y compris pluſieurs morceaux des loges de Raphael, gravés par Villamene.

245. Vingt & une Eſtampes, de Beatricius, Silveſtre de Ravenne, & Eneas Viccus.

246. Quinze Eſtampes de Georges Mantouan, dont le Songe de Raphael, l'Ecole d'Athenes, & la Réſurrection des Morts : toutes bonnes Epreuves.

247. Douze Eſtampes de Julles Bonazo-

ne, & autres, dont une grande Bachanale, en deux Piéces.

## DIFFERENS MAÎTRES.

248. Les Cartons de Raphaël conſervés en Angleterre dans le palais d'Hampton-Court, gravés par Dorigny, en huit Piéces, y compris le titre.

248. *Bis*. Deux grandes Eſtampes d'après Raphaël; ſavoir, la Bataille de Conſtantin, par Aquila, & le ſujet d'Heliodore.

249. Dix Eſtampes d'après Raphaël, par différens Graveurs, dont le Saint Luc & la Nativité, gravés par Corneille Bloemaert, belles Epreuves; & pluſieurs Vierges, gravées par Poilly, particulierement celle qui leve le voile qui couvre l'Enfant Jeſus, de deux Epreuves différentes, une des deux avant d'être entierement finie: elle eſt fort rare.

250. Dix-neuf Eſtampes, d'après Raphael, dont une ſuite de la Bible en forme de Vignettes, gravées par Villamene.

251. Vingt-huit morceaux d'après Raphael, Compoſitions & Ornemens.

252. Vingt-trois Eſtampes d'après Ra-

phael, dont les Planettes, gravées par Dorigny.

253. Trente morceaux d'après Raphael, dont une ſuite de Groteſques, gravés par de la Guertiere.

254. Dix-huit Eſtampes d'après Raphael, la plûpart en clair obſcur.

255. Quinze Eſtampes de Spierre, dont la Chaire de Saint Pierre, d'après le Bernin, & une grande Theſe dediée au Pape Alexandre VII, en quatre feuilles.

256. Cinq Theſes gravées par Spierre, & autres, d'après Cirofer, dont la grande Allegorie à la gloire des Medicis, Grands Ducs de Toſcane.

257. Trente-quatre Eſtampes de Pietre de Cortonne & Cirofer, gravées par Spierre, Bloemaert, & autres, dont le Miſſel Romain, très beau d'Epreuve, rare à trouver ainſi.

258. La Galerie du Grand Duc à Florence, gravée d'après Pietre de Cortonne, par Spierre, Bloëmaert, Blondeau, L. Wiſcher, & autres, en vingt-cinq Piéces, très belles Epreuves.

259. Quatorze Eſtampes d'après Pietre de Cortonne, la plûpart gravées de Spierre, dont le ſiége du Rocher Oxius, par Alexandre, grande compoſition en deux piéces.

260. Neuf Estampes de Pietre de Cortonne & Cirofer, gravées par Spierre, Bloemaert, Roullet, & autres, dont la Sainte Martine, très belle Epreuve, & le Mont Athos taillé en Géant.

260. *Bis.* Huit grands Païsages gravés en Angleterre, d'après Pietre de Cortonne, & autres.

261. Huit des plus belles Piéces de Spierre, parfaites d'Epreuve, dont le Martyre du B. H. Ignace d'Azevedo, & de ses Compagnons Jesuites au Bresil, & le Saint Pierre Nolasque.

262. Six Estampes d'après Carle Maratte, dont le Rosaire & le Martyre de Saint Blaise, grandes Compositions, gravées par R. V. Auden Aaerd.

263. Seize Estampes de C. Bloemaert, Rousselet, Thomassin, & autres, d'après différens Maîtres d'Italie, dont l'Homme condamné au travail, par Thomassin, d'après le Féti.

264. La Vierge du Corrège, gravée par Spierre, premiere & parfaite Epreuve, avant le petit arbre qui a été ajouté depuis dans le fond du Païsage.

265. Onze Piéces, la plûpart d'après le Parmesan & Lanfranc, par différents Graveurs, dont l'Annonciation, de Lanfranc, gravée par Corneille Bloemaert, très belle Epreuve.

266. Onze Eſtampes de Pietre Teſte, dont la grande Academie des Arts.

## ŒUVRE DES CARACHES.

LES CARACHES.

Nous croïons qu'il eſt inutile de parler ici du mérite des Eſtampes des Caraches : il n'y a point d'Amateur de bon goût, qui ne ſoit perſuadé qu'elles forment la partie la plus eſſentielle d'un Cabinet d'Eſtampes. Chacun ſait qu'Auguſtin Carache, auſſi excellent Graveur, que bon Peintre, a mis dans ſes Eſtampes un goût qui les fera chérir également des Artiſtes & des Curieux. Annibal & Louis, qui ne gravoient que pour ſe délaſſer de l'application qu'ils donnoient à la Peinture, nous ont laiſſé des Eſtampes à l'eau forte, qui ſelon l'ordinaire de celles des grands Peintres, ont tout le mérite des Deſſeins ; ainſi ſans entrer dans un plus grand détail, nous nous bornerons à aſſurer les Amateurs, que le recueil, dont nous donnons la Notice, eſt de la plus belle condition pour les Epreuves : on y trouve toutes les Piéces capitales des Caraches, réunies avec un grand nombre de rares, que les Curieux ne sont ordinairement à portée d'acquerir, qu'à l'occasion d'une vente comme celle-ci.

LES CARACHES.

267. La grande Adoration des Rois, gravée par Augustin Carache, d'après Balthasar Peruci en sept Pieces : morceau recommandable pour la belle composition & la rareté. L'Epreuve en est admirable : on a joint à cet article un portrait d'Annibal Carache, gravé par Corn. Vermeulen.

268. La Vierge accompagnée de la Madeleine & de Saint Jerôme, gravée par Augustin, d'après le Corrège, belle épreuve bien conditionée.

269. La Vierge, St. Antoine, & Sainte Catherine, belle composition de Paul Veronese, gravée par Augustin, belle Epreuve.

270. Le Mariage de Sainte Catherine, grande & magnifique composition de P. Veronese, gravée par Augustin. Epreuve très belle.

271. Le Grand Crucifiement, d'après le

LES CARACHES.

Tintoret ; gravé par Augustin : Estampe capitale de ce Maître, en trois Pieces ; l'Epreuve est de la première beauté, d'une conservation parfaite, & les trois morceaux sont d'un ton extrêmement égal, ce qui se trouve très difficilement.

272. Le Martyre de sainte Justine, grande composition de P. Veronese, gravée par Augustin, en deux Pieces, fort belle d'Epreuve.

273. L'*Ecce Homo*, gravé par Augustin, d'après le Corrège, Epreuve très belle.

273. *Bis*. Le Saint Jerôme, d'après le Tintoret, très belle Piece d'Augustin, dont l'Epreuve est des plus parfaites, & bien conditionée.

274. Le Cordon de Saint François, grande Piece d'Augustin, rare, bonne Epreuve & d'une belle condition.

275. Deux belles Piéces d'Augustin ; savoir, le Saint Antoine, & la mort de Saint François : Cette derniere est d'après Vanius.

276. Cinq Estampes des Caraches, dont un Saint Jerôme, d'Augustin.

277. Deux Estampes d'Augustin ; savoir, le Saint François stigmatisé : morceau difficile à trouver aussi beau d'Epreuve que celui-ci ; & Rachel, d'après Denis Calvart.

LES CARACHES.

278. Cinq Estampes d'Augustin, dont le Christ au tombeau, belle Epreuve, ce qui est difficile à rencontrer. Le Paon & le Chien : ces deux Piéces sont de la plus grande rareté.

279. Trois Estampes d'Augustin ; savoir, Enée portant son Pere Anchise, d'après le Baroche ; Mercure & les Graces ; & la Sagesse accompagnée de la Paix & de l'Abondance, chassant le Dieu Mars : Ces deux Pieces gravées d'après le Tintoret, sont parfaites d'Epreuve.

280. Neuf Estampes, la plûpart d'Annibal, dont la Vierge à l'écuelle, le Couronnement d'Epines, le Christ mort, entre les bras des Saintes Femmes, & le Repos en Egypte, très beau d'Epreuve.

281. Onze Estampes des Caraches, au nombre desquelles est la Vierge de M. Antoine, avec les deux têtes de Cherubins, ajoutées par Augustin.

282. Huit Estampes, dont l'Adoration des Rois, par Annibal, & le mariage de Sainte Catherine d'après P. Veronese, par Augustin : Epreuve avant la lettre.

283. Dix Pieces, dont la Petite Crêche, premiere Epreuve par Annibal ; trois Vierges & une Sainte, la Palme à la

LES CARACHES.

main, tenant deux yeux sur une coupe : ces quatre Pieces d'Augustin sont très rares.

284. Dix-huit Estampes de différens sujets, gravées par Augustin, dont la suite des Petites femmes, très belles d'Epreuve, à l'exception de deux qui sont foibles ; & la Rose, d'une épreuve admirable.

285. Quatre Estampes, dont le *Prete-Jan*, Roi d'Ethiopie, gravé par Augustin, rare.

286. Cinq Pieces d'Augustin, dont la Marche des Gueux, & le sujet d'*Omnia vincit Amor*, de deux compositions différentes, il y en a une très rare.

287. Sept Pieces d'Augustin, dont Jupiter & Antiope, de deux Compositions différentes ; ces deux morceaux sont rares, particulierement celui qui est le plus grand ; & une Allegorie qui représente un Singe, se servant de la patte du chat pour tirer les marons du feu : cette Piece se trouve quelquefois Copie ; mais l'Original que nous annonçons est de la plus grande rareté, quoique foible d'Epreuve.

288. Huit morceaux d'Augustin, dont le Jonas, Estampe extrêmement rare, un repos en Egypte très difficile à

| | Les Caraches. | |
|---|---|---|
| trouver, aussi beau d'Epreuve que celui-ci; une Tête de Vieillard lisant, Piece rare, & autres. | | |
| 289. Dix Estampes d'Augustin, dont une Samaritaine, un Saint Jerôme, d'après Vanius, & autres Pieces rares. | 33 | 1 |
| 290. Six Estampes des Caraches, dont une Vierge ayant un grand manteau soutenu par des Cherubins; & deux Moines à genoux à ses côtés, très belle Epreuve, d'Augustin; & plusieurs Pieces rares. | 12 | |
| 291. Dix-sept Estampes d'Augustin, dont la suite des Apôtres en quinze petites Pieces. | 15 | 2 |
| 292. Huit Estampes d'Augustin, dont le Baladin spirituel, morceau très rare. | 44 | |
| 293. Trois Estampes gravées par les Caraches, dont Saint Jean l'Aumônier, & un Crucifix, par Annibal. | 15 | 2 |
| 294. Les Figures de la Jerusalem délivrée, du Tasse, gravées par Augustin sur les Desseins de Bernardo Castello, en vingt Pieces: cette suite, qui est rare, a été faite pour l'Edition de Genes, 1590. | 47 | 19 |
| 295. Autre suite de Figures pour la Jerusalem de l'Edition de Genes, 1617, composées différemment, par le mê- | 13. | 10 |

LES CARACHES.

me, dont quelques-unes sont, à ce qu'on prétend, gravées par Augustin : il y a vingt-deux Pieces.

296. Le beau & rare Portrait du Titien, gravé par Augustin, avant l'écriture, qui est ordinairement au-dessus du Portrait : l'Epreuve en est parfaite, ainsi que la condition.

297. Neuf Portraits rares, gravés par Augustin, dont celui de Leon XI.

298. Sept Portraits d'Augustin, dont celui du petit Saint Simon, Martyr de Trente, beau d'Epreuve, & celui d'Aldovrandus dans un passepartout allegorique, rare, & d'Epreuve parfaite.

299. La suite des Portraits, & autres morceaux, gravés par Augustin, pour l'Histoire de Cremone d'Antonio Campo : cette suite qui est de vingt-neuf Piece est rare.

300. Dix Pieces gravées par Augustin, pour une vie des Ducs de Milan, publiée à Venise par le Docteur Scipion Barbuo Soncin, l'an 1574 : cette suite est fort rare ; on y a joint une Piece, représentant Mercure donnant la pomme d'or à Paris.

301. Sept Estampes gravées par Augustin, dont l'Eventail, & quelques Ar-

LES CARACHES.

moiries ; Pieces rares, belles d'Epreuve.

302. Six Eſtampes rares, d'Auguſtin, la plûpart d'Armoiries.

303. Le grand Livre à deſſiner, gravé par Auguſtin en 103 Pieces : ſuite extrêmement précieuſe, tant pour la beauté des Epreuves, qu'à cauſe de pluſieurs morceaux qui ne s'y trouvent point ordinairement, & de quelques autres qui ſont répétés avec des différences.

On ſent bien que ceux qui veulent apprendre à deſſiner d'après des Eſtampes, ne peuvent choiſir de meilleurs Modeles.

304. Dix Eſtampes d'après les Caraches, par différens Graveurs, dont la Vierge aux lunettes, & la Suſanne, par C. Bloemaert ; la Mort de Saint François, par Gerard Audran, & le Silence, par Hinzelman.

305. Dix neuf Eſtampes d'après Annib. Carache, par différens Graveurs.

306. Trente-ſix Eſtampes, dont il y en a deux gravées par Auguſtin Carache ; la plûpart des autres ſont des Païſa-

ges gravés par M. le Comte de Caylus, d'après le Carache.

### DIFFERENS MAÎTRES.

307. Onze Estampes, d'après le Guide, dont la fuite en Egypte, gravée par Poilly, premiere Epreuve avant la lettre.

308. Quatre belles Pieces, d'après le Guide; savoir, l'Erigone de Vermeulen, premiere Epreuve, la Vierge & l'Enfant Jesus, de Corn. Bloemaert: & deux Epreuves différentes de la Nativité, gravée par Poilly, dont une premiere, avant les deux Anges qui sont au-dessus de la composition.

309. Vingt Pieces d'après le Guerchin & le Dominiquain, par différens Graveurs, dont le Martyre de Sainte Petronille, d'après le Guerchin par Dorigni, & celui de Saint Agnès, d'après le Dominiquain par Gerard Audran.

310. Les quatre grands sujets de l'histoire de Venus, gravés par Baudet, d'après l'Albane, très beaux d'Epreuve.

311. Neuf Pieces d'après l'Albane, dont les quatre Elemens, gravés par Benoît Audran.

312. Dix Estampes d'après le Titien & Paul Veronese, dont la grande Piece des nôces de Cana, gravée par J. B. Vanni, d'après P. Veronese.

312. *bis.* Vingt Païsages, inventés & gravés par Marc Ricci.

313. Cinquante-deux Estampes, d'après différens Maîtres d'Italie, dont plusieurs sont gravées par C. Bloemaert.

313. *bis.* Soixante & treize Pieces, d'après Salvator Rose.

# ECOLE FLAMANDE.

## DIFFERENS MAÎTRES.

314. Soixante & treize Pieces d'Albert Durer, dont la Mélancolie, la petite Nativité, le Saint Hubert, le Cheval de la Mort, la petite Passion, plusieurs Vierges, & autres morceaux rares.

315. Vingt-Trois Estampes de Lucas de Leyde, dont le Christ présenté au Peuple, grande & belle Composition d'une très bonne Epreuve, & fort rare.

316. Trois cens quatre-vingt-dix-huit Estampes des petits Maîtres; savoir, Aldegraef, Hisbins, Georges Pen,

& autres anciens Graveurs, parmi lesquels il y en a de fort rares, dont les marques ne se trouvent dans aucun Catalogue, pas même dans le Dictionaire des Monogrames. Nous avons cherché soigneusement les noms des Maîtres les moins connus; & ceux que nous avons pu découvrir, nous les avons écrits au bas des Estampes; à la reserve de ceux dont les marques sont plus familieres aux Amateurs, comme Hisbins & autres, nommés au commencement de cet Article. Comme cette collection est intéressante, nous avons pensé qu'elle feroit plaisir à quelques Curieux dans son entier.

317. Dix-sept Estampes de Théodore de Brie, dont l'Age d'Or, le Bal Venitien, la Fontaine de Jouvence, & autres; cet Article peut aller à la suite des petits Maîtres.

318. Vingt-cinq Portraits choisis de Gilles Sadeler, d'Epreuves parfaites; tous rares & intéressants.

319. Vingt-six Portraits de G. Sadeler, dont celui de l'Empereur Ferdinand II, accompagné de Figures allegoriques; grande Piece en deux feuilles.

320. Les Empereurs & Imperatrices de l'ancienne Rome, par G. Sadeler, en vingt-cinq Pieces, y compris le titre;

& les Portraits des Princes de la maison de Gonzague, en dix-huit Pieces.

321. Vingt & une Estampes de G. Sadeler, dont la Laitiere & autres sujets, d'après le Bassan, & d'après différens Maîtres.

322. Vingt & deux Estampes gravées par les Sadeler, d'après différens Maîtres, dont le mauvais Riche, d'après Jacques Palme, & le Massacre des Innocens d'après le Tintoret.

323. Soixante & deux Païsages de Gilles Sadeler, d'après P. Brill & autres Maîtres.

324. Quatre-vingt-six Estampes d'Hollard, Portraits & Sujets, dont le Portrait de Rubens, fort rare; deux différens Portraits de Raphael; cinq sujets de Virgile, rares, & autres morceaux.

325. Trente-neuf Estampes d'Hollard, dont la suite des Vaisseaux, d'Epreuves très belles, plusieurs Païsages & autres Pieces.

326. Le Temple des Muses en soixante & une Pieces, gravé par Corneille Bloemaert sur les Desseins de Diapenbeck.

327. Vingt & une Estampes de C. Bloemaert, dont le Méléagre d'après Ru-

bens, le Moutardier, & autres morceaux choisis.

328. Seize Pieces de C. Bloemaert de différens sujets, dont J. C. qui apparoît à Saint Ignace de Loyola : cette Estampe est parfaite d'Epreuve.

329. Vingt & une Estampes de Bloeteling, Muller, & autres Maîtres, dont la Judith d'après Raphael.

330. Dix Estampes d'après Rubens, dont la Vierge à l'oiseau, & le Mariage de la Vierge, gravés par S. A. Bolwert.

331. Cinq Estampes de Rubens, dont la grande élevation de Croix en trois Pieces, gravée par H. Withouc, une belle Assomption, par S. A. Bolwert, &c.

332. Vingt-deux Pieces d'après Rubens, dont le Couronnement de Ste Catherine, gravé par Pietre de Jode.

333. Huit Estampes de Rubens, belles d'Epreuve, dont Melchisedech offrant des pains à Abraham, gravé par Withouc.

334. Six grands morceaux d'après Rubens, dont le Triomphe de l'Eglise, en trois Estampes de deux Pieces chacune; une Assomption, & autres Pieces.

335. Onze Estampes de Rubens sur dif-

férens ſujets, dont Prognée, le Martyre de Saint Thomas & autres.

336. Dix-ſept Païſages d'après Rubens, dont un, gravé par Van Uden.

337. Dix Compoſitions de Van Dyck, dont les deux ſujets de Renaud & Armide.

338. La ſuite des cent Portraits de Van-Dyck ; à laquelle on en a joint beaucoup d'autres qui approchent de la même grandeur ; ce qui compoſe une collection très intéreſſante de cent quatre vingt quatorze Pieces.

339 Les Comtes & Comteſſes de Van-Dick, gravés par P. Lombart, parfaites & anciennes Epreuves.

340. Huit Eſtampes de Van Dick ; ſujets & Portraits, dont celui de Vander Borcht.

340. *bis.* Vingt morceaux d'après Rubens & Van Dick.

341. Le Roi boit, Eſtampe capitale de Jacques Jordaens, premiere Epreuve avant le nom de Bloeteling.

342. Dix Eſtampes, la plûpart de J. Jordaens, dont Jupiter nourri par une chevre, & le Dieu Pan jouant de la flûte : ces deux morceaux ſont parfaits d'Epreuve avant le nom de Bloeteling.

342. *bis.* Quatorze Pieces d'après J. Jor-

REMBRANDT.

daens, presque toutes de ses plus belles compositions.

SUITE D'ESTAMPES DE REMBRANDT.

343. Vingt-neuf Estampes, tant de Rembrandt que d'après lui, dont le Portrait de ce Maître avec celui de sa Femme, la petite Tombe, le Portrait de Lutma, & celui de Rembrandt, gravé d'après un Tableau de ce fameux Peintre, par M. de Marceney, qui a rendu ce morceau tout-à-fait dans la maniere de cet excellent Artiste, & tel qu'il seroit à souhaiter qu'on gravât tous ses Tableaux.

344. La Resurection du Lazare, Piece en hauteur, ceintrée par le haut; ce morceau est un des principaux de Rembrandt pour l'artifice admirable du clair obscur : l'Epreuve que nous annonçons est de la premiere beauté.

345. Deux Pieces recommandables; savoir, N. S. guérissant plusieurs malades; Estampe connue sous le nom de la Piéce de 100 francs : seconde Epreuve, & la Mort de la Vierge d'une très belle Epreuve.

346. Quinze Estampes, dont l'Annonciation aux Bergers, parfaite Epreuve; le Païsage aux trois Arbres; les

Mandians

REMBRANDT.

Mandians à la porte d'une maison, & autres sujets & Portraits.

347. Vingt & une Estampes de différens sujets & Portraits, dont celui de Lutma, beau d'Epreuve ; la grande & petite Mariée Juive, une petite Femme nue, endormie, légerement gravée, avec un Satyre dans le fond : cette petite Piece est fort rare.

347. *Bis.* Quarante & un morceaux ; Portraits & sujets.

348. Neuf Estampes, dont le Portrait du Docteur Faustus, très beau d'Epreuve, & celui du jeune Haring avec un Tableau dans le fond, qui a été supprimé dans les dernieres Epreuves : ce morceau est très rare.

348. *bis.* Quarante & un morceaux, Sujets & Portraits.

349. Vingt-huit Estampes, dont Adam & Eve, Piece rare ; quelques Academies de Femmes, & autres sujets.

350. Trente-deux Estampes, dont la petite Tombe, de deux différentes Epreuves, & deux petits morceaux, dont l'un est une Circoncision, & l'autre une Présentation au Temple : ils sont fort rares à trouver aussi belles Epreuves que celles-ci, ayant été gravés très légerement.

350. *Bis.* Six morceaux, dont le Por-

REMBRANDT.

trait d'Abraham France, le Docteur Faustus, & autres.

24 1 351. Seize Pieces, d'après Rembrandt, y compris une suite de têtes, gravées avec beaucoup d'esprit dans la maniere de ce Maître, par M. Vorlidge, Peintre Anglois; dans le nombre est le portrait de M. Liotard, Peintre Genevois en habit Oriental.

## DIFFERENS MAÎTRES.

19 19 352. L'Œuvre de Goudt, Comte Palatin, en sept Pieces, Epreuves passables. Les sujets sont, deux Compositions différentes de Tobie accompagné de l'Ange, un petit morceau ovale, représentant la décolation de Saint Jean-Baptiste; une fuite en Egypte dans un Païsage éclairé de la Lune; Stellion se mocquant de Cerès; Baucis & Philemon recevant dans leur maison Jupiter & Mercure; le dernier morceau est un Païsage au moment de l'aurore.

37 353. Onze Estampes de Van-Velde, Saenredam, & autres, dont Paris & Helene; Diane dans le bain découvrant la grossesse de Calisto, & trois belles Marines de Peters-Nople, y compris la Rupture de la Digue de Hollande,

Piece singuliere, & d'une verité effraïante.

354. Les Fêtes exécutées à Bruxelles pour la prise de Bude, & les Victoires remportées sur les Turcs par l'Empereur Leopold I, en dix Pieces, gravées par Romain de Hooghe.

355. La paix de Munster, gravée par Suyderhoëf, d'après Terbuch; ancienne & belle Epreuve.

356. Six Estampes de Suyderhoëf, dont le Coup de Couteau, d'après Ostade, la batterie de Païsans, d'après Terburch, & autres sujets d'Ostade & de Bamboche.

## ŒUVRE DE WISCHER.

357. La Fricasseuse, Estampe capitale de Corneille Wischer, ancienne & très belle Epreuve avant le nom de Clement de Jonghe.

358. Le grand Couronnement de la Reine de Suede, Piece rare.

359. Le Vielleux, d'après Ostade, assez beau d'Epreuve, & la grande Tabagie, d'après le même.

360. Deux Estampes, d'après Jacques Bassan; savoir, Dieu le Pere, ordonnant à Abraham de quitter son païs: le second morceau représente l'Ange

WISCHER. montrant à ce Patriarche la terre qui lui avoit été promise : ces deux morceaux sont très beaux d'Epreuve.

361. Cinq Estampes, dont le Jugement dernier, d'après Rubens, en deux morceaux, & la Vierge entourée d'Anges, d'après le même, pareillement en deux morceaux.

362. Trois Estampes, très belles d'Epreuve ; savoir, le Bal, d'aprés Berchem ; une Guinguette & une Tabagie, d'aprés Ostade.

363. Vingt-deux Estampes, d'aprés Ostade, & autres Maîtres, dont quatre Tabagies, d'aprés Brower, & une suite de Païsages, d'aprés Van-Goyen.

364. Neuf Pieces, dont la Bohemiene, & le Vendeur de mort-aux-rats.

365. Cinq morceaux, dont la bataille des Hussards, le Coup de Pistolet, & le Four.

366. Sept Estampes, dont la Bataille des Hussards; une Tabagie, d'après Ostade, & la Fricasseuse, retouchée, Epreuve des premieres tirées.

367. Les trois beaux Portraits connus sous le nom des trois barbes ; savoir, Gelius Bouma, Pierre Scriverius, & Guillaume de Rick : cette derniere Estampe, qui est la plus rare des

WISCHER.

trois, se nomme par les Curieux la Barbe quarrée.

368. Sept Portraits rares, dont celui de Vondelius, deux différens de Robert Junius, & celui de Copenol, appellé l'Ecrivain. 24

369. Sept Portraits, dont celui de l'Antiquaire. 33

369. *bis.* Le Cabinet du Bourg-Meître Rheinst, complet en 34 Pieces, parmi lesquels il s'en trouve un grand nombre gravées par Corn. Wischer. 94

## ŒUVRE DE WOUVVERMAN.

Cet Œuvre, qui contient toutes les Estampes gravées d'après ce Maître, tant en Hollande qu'à Paris, est fort bien conditionné; toutes les Epreuves sont des premieres tirées, parceque M. Potier avoit eu soin de les acquérir à mesure qu'elles paroissoient. Ces Estampes agréables, particulierement celles de Messieurs Moyreau & le Bas, ayant eu un grand debit, les Graveurs ont été obligés de les retoucher de temps en

WOUWERMAN. temps ; c'eſt ce qui met une grande différence entre les premieres & dernieres Epreuves.

370. Huit Eſtampes, d'aprés Wouwerman, gravées par J. Wiſcher, & Dancker-Danckerts, belles Epreuves : il y en a quelques-unes avant la Lettre.

370. *bis.* Quinze morceaux gravés par Wiſcher & Suyderhoef, d'aprés Wouwerman, & autres Maîtres.

371. Dix-huit Eſtampes, gravées par J. Moyreau, d'aprés Wouwerman, y compris le titre, composé par M. de la Joüe, & le Portrait de Wouwerman, gravé par Dupuis.

372. Quinze Eſtampes, gravées par Moyreau.

373. Quinze *Idem.*

374. Quinze *Idem.*

375. Quinze Eſtampes, gravées par Moyreau, le Bas, & Baumont.

376. Quinze morceaux, gravés par Laurent, Aliamet, Moitte, Baſan, & autres.

377. Douze Eſtampes, d'aprés Wouwerman & Van-Falens, ſon Eleve, dont les dix grandes, gravées par Moyreau & le Bas.

## DIFFERENS MAÎTRES.

378. Quinze Estampes, gravées par Jean & Louis Wischer, Sujets, Portraits & Païsages.

378. *bis.* Le Cabinet de l'Art de Sculpture, par François Bossuit en cent trois Pieces.

## ŒUVRE DE BERCHEM.

BERCHEM.

379. Quarante-quatre Estampes, composans plusieurs suites d'animaux, gravés par Berchem lui-même; morceaux intéressans & fort utiles pour l'étude des Artistes, qui trouvent dans ces savantes eaux fortes, toute la verité de la Nature & la finesse de l'exécution.

380. Quatorze Estampes, Païsages & Animaux, gravés par Berchem.

381. Quatorze Païsages ornés de Figures & Animaux, gravés par Corn. & Jean Wischer.

382. Dix-huit Estampes, gravées par J. Wischer & Dancker-Danckerts.

382. *bis.* Vingt-cinq morceaux des mêmes Graveurs.

383. Onze Estampes, par J. Wischer

Danckerts, & Suyderhoef, dont les quatre heures du Jour.

384. Trente & une Estampes, par Jean wischer, & autres.

385. Seize morceaux, par Corn. Wischer & Danckerts.

386. Quarante Estampes, par J. Wischer, & autres.

387. Vingt-trois Pieces, d'aprés Berchem, & autres.

387. *bis*. Quarante-sept morceaux de Berchem; Païsages, Figures & animaux.

388. Vingt-deux Estampes, par le Bas, Aveline, Major, & autres Graveurs modernes.

388. *bis*. Huit Païsages, gravés en Angleterre par Vivares, d'aprés Berchem & autres.

## DAVID TENIERS.

389. Quinze Estampes, gravées par Laurent, le Bas, Major, & autres; tous ces morceaux, ainsi que ceux des Numeros suivants, sont des premieres Epreuves.

390. Trois grandes Estampes, gravées par le Bas; savoir, l'Enfant Prodigue, les miseres de la Guerre, & les Œuvres de miséricorde.

391. Les quatre grandes Fêtes Flamandes, gravées par le Bas.

## DIFFERENS MAÎTRES.

391. *bis*. Soixante Païsages de Vaterlo, & autres.

392. Dix-neuf Estampes de differens Maîtres Flamands.

392. *bis*. Cinquante-sept Païsages d'Everdingen.

393. Seize Estampes modernes, d'aprés Gerard Dow, Mieris, & autres Maîtres Flamands.

393. *bis*. Soixante & onze Païsages d'Everdingen, & autres.

## ŒUVRE DE SMITH.

De toutes les Estampes en maniere noire, celles de Smith sont les plus estimées. Cet habile Artiste a su donner à ce genre de gravure, qui pour l'ordinaire est triste, un ton agréable qui fera toujours rechercher ses Ouvrages. Les Personnes qui se plaisent à peindre sur le verre ne peuvent choisir de morceaux plus conve-

SMITH. nables à cette espece de travail; parce que les manieres noires, n'ayant aucunes tailles, les Peintures que l'on applique dessus, laisse douter à l'œil si l'ouvrage est fait sur une Estampe.

Toutes les Epreuves de ce recueil sont des premieres avant d'être retouchées.

SUJETS.

394. Sept Estampes, dont le Confesseur.

395. Deux belles Pieces; savoir, la Sainte Famille, d'aprés Carle Maratte, & la Vierge, d'aprés le Baroche.

396. Les deux Madeleines; savoir, celle à la lampe, & celle au chardon: la premiere, qui est d'après Scalcken, est d'un effet de clair-obscur admirable: ces Epreuves sont très belles.

397. Neuf Estampes, dont la Venus à la Coquille, d'après le Correge; Venus & l'Amour, d'après Luc Jordane de Naples, & le Pot de Fleurs, rare.

397. *Bis*. Trois Pieces; savoir, la Sainte Famille, de Carle Maratte, Tarquin & Lucrece, & l'Amour & Psychée.

SMITH.

## PORTRAITS.

398. Vingt & un Portraits, Hommes & Femmes, dont plusieurs de la Famille Roïale d'Angleterre depuis Charles premier.

399. Vingt & un différens Portraits.

400. Quatorze Portraits d'Artistes & Gens de Lettres, dont Newton, Locke, Corelli, Kneller, Smith, & autres.

401. Dix-huit Portraits, Hommes & Femmes.

402. Dix-huit. *idem.*

403. Seize Portraits, la plûpart en pied avec des fonds de Païsages.

404. Dix-huit Portraits intéressants ; savoir, ceux de Charles XII, Roi de Suede & du Czar Pierre premier, son rival de gloire : les autres sont de jolis Portraits, la plûpart en pied avec des fonds, dont celui de Mlle. Croff.

## DIFFERENTS GRAVEURS EN MANIERE NOIRE.

405. Vingt-cinq Portraits, par Faber, G. White, Simon, & autres.

406. Douze Portraits de Dames Angloises, en pied, gravés par Faber.

406. *Bis*. Quinze morceaux de Faber, & autres.

407. Vingt-deux Portraits, par Faitorne, Simon, J. M. Ardell, & autres Graveurs.

408. Dix-sept Estampes, composées de fort jolis sujets, gravées par Faber, & autres.

409. Vingt Sujets différents, gravés par Verkolie, & autres.

---

# ECOLE FRANCOISE.

## ŒUVRE DE CALLOT.

CET Œuvre étant un des premiers que M. Potier ait rassemblés, il est aussi un des plus complets, & les Epreuves des mieux choisies, parceque depuis le temps que M. Potier le perfectionnoit, il ne laissoit échapper aucune occasion sans se procurer les morceaux qui pouvoient lui manquer, ou changer ceux dont les Epreuves n'étoient point parfaites ; aussi seroit il difficile de trouver dans

Paris un recueil de Callot aussi considérable que celui-ci, tant pour la beauté des Epreuves, que pour le nombre des morceaux. Il est inutile que nous insistions sur le mérite des ouvrages de Callot; tous les Amateurs sont persuadés que cet admirable Graveur a rendu toutes ses Compositions en petit avec la même précision pour le Dessein & l'expression, qu'auroient pu faire les meilleurs Peintres dans des morceaux d'une grande étendue. Si le goût de son Dessein est un peu maniéré, on peut dire que le genre qu'il avoit choisi, l'exigeoit absolument; c'est ce qui soutiendra toujours ses Ouvrages dans l'estime génerale des Connoisseurs.

410. Soixante Estampes en plusieurs suites; savoir, le Nouveau Testament, l'Enfant prodigue, la vie de la Vierge, le Martyre des Apôtres, & les Penitens.

411. Dix-sept morceaux, dont la grande Passion en neuf Pieces, y compris la

CALLOT. Descente de Croix, de Silvestre, & J. C. priant dans le Jardin des Olives : morceau extrêmement rare, que l'on prétend d'aprés Callot ; les quatre Banquets, le Titre des Pénitens, & une Vierge assise, ayant à ses côtés le petit Saint Jean & Saint François à genoux : Piece très rare, gravée par de Son, d'après Callot.

412. Dix-neuf Pieces, savoir, la petite Passion ; la vie de la Vierge ; la Passion en plusieurs petites Pieces rondes & ovales, & deux différentes Estampes du Massacre des Innocents : tous ces morceaux sont parfaits d'Epreuve.

413. Vingt-huit Estampes, dont la suite des Apôtres, & le Passage de la Mer rouge, premiere Epreuve.

414. Les Saints de l'année avec les deux Titres, l'Epître Dédicatoire & les Fêtes Mobiles, suite très complette.

415. Trente-six Pieces, la plûpart très rares, dont le Saint François dans la tulipe, le petit Portement de Croix, les sept Péchés mortels, la Tentation de Saint Antoine ; seize petits morceaux ovales, & deux ronds, représentant divers sujets de la Passion ; ils sont attribués à Callot, mais ils paroissent de Virix ; & une Piece allégo-

CALLOT.

rique, où se voit l'Assomption de la Vierge, & dans le fond la place de Saint Marc de Venise : cette Piece a été attribuée à Callot, par Monsieur Gersaint dans le Catalogue de Lorangere, qui la croïoit unique; mais il y en a une autre Epreuve plus entiere que celle-ci ; qui ne contient que la partie supérieure de l'Estampe. Dans le bas de celle que nous avons vue, est un Cartouche qui renferme la Dédicace au R. P. Laurent Taglia Pira, Théologien de Venise : au bas on lit cinquante-six vers Italiens, rangés en trois colonnes. Cette Piece est gravée à Venise par Gio. Burnacini .Nous ne l'avons vue dans son entier que dans l'Œuvre qui est au Cabinet de M. Paignon d'Ijonval, Secretaire du Roi: Amateur zélé qui possede une Collection considérable de Desseins & d'Estampes.

416. Huit Estampes; savoir, le Saint Mansuet, de deux Epreuves différentes; la premiere qui est de la plus grande rareté, est avant la raquette, qui se voit communement aux pieds du jeune homme que le Saint ressuscite, & avant une petite armoirie qui est sur le repli de la chape du Saint : les autres Pieces sont, l'Exorcisme, 47. 19

CALLOT. d'après Boscoli, Epreuve extraordinairement belle; une Vierge, d'après Paul Farinat, &c.

417. Les Tableaux de Saint Pierre en trente-deux Pieces, y compris un sujet de Saint Pierre sur les eaux; Composition différente de celle qui s'y trouve ordinairement, & un Titre au dessus duquel est un Tabernacle où se voit N. S. tenant une Croix, & versant de la main droite de son précieux Sang dans un Calice : ces deux morceaux sont de la plus grande rareté. On a joint à cette suite les Mesureurs de grains, beaux d'Epreuve.

418. Cinquante-sept Estampes, dont le Martyre de Saint Sebastien; le Triomphe de la Vierge, premiere Epreuve avant le nom de Silvestre; les Emblêmes de la Vierge, & celles qui ont pour titre *Lux claustri.*

419. Les Miracles de l'Annonciade en quarante-deux Pieces, suite très rare, principalement lorsque les Epreuves sont aussi parfaites que celles-ci, & dont le mérite est encore augmenté par une Annonciation : Piece excessivement rare, qui ne s'y trouve presque jamais.

420. Le Puits ou l'Enfer, grande Estampe, rare, gravée au burin en quatre

| | CALLOT. | |
|---|---|---|
| morceaux, & la These de Physique soutenue par Nicolas-François de Lorraine, Evêque de Tulles, dediée à François, Duc de Lorraine son Pere. | | |
| 421. Les Edifices sacrés de la Terre Sainte, en trente-six Pieces. | 8 | 1 |
| 422. Treize Estampes, dont l'Arbre de Saint François; le Titre des Statuts de l'Ordre de Saint Etienne, le Saint François tenant les armes de Florence, Titre pour un ouvrage sur Scot, par le P. Perio : ces deux morceaux sont de la plus grande rareté; l'Assomption au Cherubin; une petite Annonciation ovale; les trois Sacrifices; la Vierge, d'aprés *André del Sarte*; le Christ au Tombeau, de *Ventura Salembeni*, & autres Pieces rares. | 78 | |
| 423. Dix-huit Estampes très rares, dont plusieurs armoiries; une grande feuille d'Etude au trait, attribuée à Callot. On y voit plusieurs Figures & Animaux : ce morceau vient du Cabinet de feu M. de Lorangere, où il passoit pour unique; deux morceaux de la suite des *Balli* avec des différences, & une Tentation de Saint Antoine, d'aprés Callot, gravée par Cochin. | 40 | |
| 424. Deux Pieces recommandables; | 30 | 1 |

CALLOT. ſavoir, la petite Ferme, Eſtampe trés rare, & les Supplices, d'une Epreuve parfaite, difficile à trouver de cette beauté, à cauſe de la légereté de la gravure du fond, qui dans les Epreuves ordinaires, paroit preſqu'effacé. On a depuis quelque tems retouché cette Planche, aſſez bien, pour mettre en défaut la connoiſſance des nouveaux Amateurs.

425. Sept Eſtampes rares; ſavoir, un Crucifix avec la Vierge, Saint Jean & la Madeleine, Saint François debout ſoutenu par deux Anges, gravé par de Son, d'aprés Callot; un Saint François, tenant d'une main un livre, & de l'autre une Croix de Patriarche: morceau unique de l'Œuvre de Lorangere; deux Pieces des Sacrifices, qui toutes deux repréſentent des Femmes voilées, avec des différences eſſentielles: elles ſont pareillement uniques, & viennent du même Œuvre; voyez-en le détail dans le Catalogue de M. Gerſaint, au dernier article de la page 62.

426. La Généalogie de la maiſon de Lorraine, en trois Pieces, très rares.

427. Deux Eſtampes très rares; ſavoir, la Généalogie Del Turco, Piece au burin, de la premiere maniere de

CALLOT.

Callot, & le premier intermede de la Délivrance de Tirenne, Epreuve singuliere, dont le haut du rideau est en partie effacé.

428. Les trois grands Sieges avec les bandes qui leur servent de bordures, & les Explications; savoir, le siege de la Rochelle en quatorze Pieces, celui de l'Isle de Ré en neuf Pieces, & celui de Breda en dix Pices.

429. L'Histoire de Medicis en quinze Pieces, on y a joint trois morceaux d'Etudes pour la même Histoire, qui sont assez rares.

430. La Pompe Funebre de la Reine d'Espagne en vingt-neuf Pieces, parmi lesquelles il y en a vingt-quatre imprimées au *recto* & au *verso*. Callot n'a gravé que huit morceaux de cette suite, qui est d'aprés Tempeste, & rare.

431. Quinze Estampes, dont le Rocher, piece rare; le Brelan; une des quatre Saisons, d'aprés le Bassan, rare; les monoyes & autres.

432. La grande Foire de Florence de deux Epreuves différentes; savoir, celle qui est avant les deux petites armes gravées aux deux coins du bas de la Planche: Piece rare, mais assez mal conditionée; la seconde est avec

CALLOT.

les petites Armes, & d'une Epreuve ordinaire.

433. La même Piece que Callot a répétée à Nancy: Epreuve de la plus grande beauté.

434. Sept Pieces; ſavoir, la Carriere de Nancy, le Jeu de Boule ou la petite Foire, d'une très belle Epreuve, la Pandore, la petite Treille, & les quatre Païſages, parfaits d'Epreuve avant le nom de Callot.

435. Huit Morceaux; ſavoir, l'Eventail beau d'Epreuve; le Catafalque de l'Empereur Matthias, les deux grandes vûes de Paris, fort belles d'Epreuve, la petite vûe de Paris avec le fond de Silveſtre, le Parterre de Nancy, d'une Epreuve parfaite, la Bataille de Veillane, & la Chaſſe, Epreuve dont on diſtingue bien le fond, ce qui eſt difficile à trouver.

436. Dix-huit Eſtampes en deux ſuites; ſavoir, le Soliman, & le Combat à la barriere.

437. Douze Pieces, dont les trois Pantalons, & un Carouſel, d'après Alphonſe Parigi.

438. Seize Eſtampes, dont les trois intermedes de la délivrance de Tirenne, d'après Jules Parigi, en quatre Pieces,

CALLOT.

à cause de la premiere qui est double avec le rideau ombré & sans ombre; le Duc de Lorraine à cheval, & plusieurs Pieces rares, attribuées à Callot.

439. Quatre morceaux de la plus grande rareté; savoir, une feuille contenant le plan des diverses entrées d'un Carousel, le portrait de Charles III, Duc de Lorraine; une petite Devise, ayant pour corps un sep de vigne, & pour ame ces mots Italiens: *Una oro gialdo sopra fino*, & sur une banderole *Carlo vitale*, & le Portrait de J. Jacques Mediceus, Marquis de Marignan: voyez au sujet de ces deux dernieres Pieces le Catalogue de Lorangere, par Gersaint, pages 116 & 117. | 48 | 19

440. Six Pieces; savoir, le Portrait de Peri, Poete Italien, & le Titre de ses Ouvrages; le Portrait du Senateur, celui de Claude Dervet, premiere Epreuve, & deux Païsages attribués à Callot. | 40 | 4

441. Trois Portraits de Callot, le premier d'après Van-Dyck, gravé par Vosterman; le second de Michel l'Asne, & le troisieme de A, Loemans. On y a joint le Portrait à cheval du Duc de la Valette, gravé par M. l'Asne, dont le fond qui représente la | 18 | 4

CALLOT.

Ville de Nancy, eſt de Callot, morceau rare.

442. Vingt & une Pieces, dont le Portrait de François de Medicis, très beau d'Epreuve, rare à trouver ainſi, le Titre des Aſtrologues, les Danſeuſes & les Fileuſes, le Portrait de Dervet, & autres.

443. Les Caprices de Florence & de Nancy, faiſant en tout cent Pieces. La premiere de ces ſuites eſt très rare, & du plus beau de Callot.

444. Les Gueux, en vingt-cinq Pieces, la Nobleſſe, en douze, & les *Balli* en vingt-quatre : ces trois ſuites ſont parfaites d'Epreuve. Celles des *Balli* eſt extrêmement amuſante par la ſingularité des Figures, & la gentilleſſe des fonds.

445. Cinquante-deux Eſtampes; ſavoir, les Exercices Militaires en quinze Pieces, y compris deux petites Batailles; les Fantaiſies en treize pieces; les *Varie Figure-Gobbi* en douze pieces, & les Bohemiens en quatre pieces: toutes ces ſuites ſont très belles d'épreuve.

446. Vingt-huit Pieces, dont les grandes & petites miſeres de la Guerre; le portrait de Louis XIII, par Michel l'Aſne, avec le fond de Callot, re-

CALLOT.

présentant la Bataille de Veillane, &c.

447. Quarante-deux morceaux; savoir, les grands Païsages en 13 pieces, y compris le Titre qui est avant la vûe de Florence, qui s'y voit ordinairement; les Combats Navals en six pieces, auxquelles on a ajouté le Dessein d'un de ces morceaux, très spirituellement touché à la plume par Callot, & la suite des *Varie-Figure* en vingt-deux pieces, y compris cinq morceaux répétés, dont les épreuves sont avant le fond, & bien plus rares que les autres. 18 1

448. Cent ving-trois Païsages, ornés de Figures, gravés par de Son, Goyran, Perelle, Silvestre, & Noblesse, suite extrêmement complette & difficile à rassembler: elle contient génerale-ment tous les Païsages, gravés d'aprés Callot. 25 4

449. Huit Païsages trés rares, dediés au Grand Duc de Toscane en 1638, gravés tout-à-fait dans la maniere de Callot, & qui paroîtroit de ses commencemens, quoiqu'au bas du Titre on y voie le nom d'*Ercole Bazicalwe di Pizo*. On a joint à ce Païsage le titre des antiquités de la Vosge, piece 50 19

extrêmement rare des commencemens de Callot, gravée en 1626.

## ŒUVRES DE LE CLERC.

On ne doit pas douter que cet Œuvre ne ſoit un des plus beaux de le Clerc, vû l'étroite liaiſon & l'amitié qui étoit entre lui & M. Potier; auſſi trouvera-t'on dans cette collection, toutes les Pieces parfaitement bien choiſies, ſur-tout celles qui, par leurs raretés, manquent dans la plûpart des Œuvres. Les Eſtampes de le Clerc ſont très agréables par leurs belles Compoſitions & la netteté de la Gravure; cet habile Maître entendoit auſſi parfaitement le Païſage, & deſſinoit l'Architecture du meilleur goût, dans les ſujets qui en étoient ſuſceptibles. On ne ſait ce qu'on doit le plus admirer dans ſes Ouvrages, ou la fécondité de ſon génie, ou ſon grand attachement au travail, qui lui a fait produire cette prodigieuſe

digieuſe quantité d'Eſtampes qui composent ſon Œuvre. M. Potier avoit tant d'amour pour les Ouvrages de ce Maître, qu'il ne refuſoit jamais d'acheter les Pieces qu'on lui en apportoit, quoiqu'il les eût déja pluſieurs fois, dans l'eſperance de perfectioner de plus en plus ſa collection, en choiſiſſant les plus belles Epreuves: c'eſt ce qui fait qu'on trouvera dans ce Catalogue beaucoup de morceaux & des ſuites répetées pluſieurs fois. LE CLERC.

450. Deux cens dix-neuf Eſtampes; ſavoir, l'Hiſtoire Sacrée de Brianville, dont les épreuves du nouveau Teſtament ſont avant l'Edition, & la Paſſion de N. S. de deux épreuves différentes, avec bordures & ſans bordures.

451. Six Eſtampes très rares; ſavoir, la Multiplication des Pains, premiere épreuve avec une Ville dans le fond, à laquelle le Clerc a ſubſtitué une montagne qui ſe voit dans les épreuves ordinaires, celle-ci eſt de la plus grande rareté; deux morceaux du

LE CLERC. Labyrinthe de Verſailles, différents de ceux qui ſont ordinairement dans la ſuite, & qui n'y ont jamais ſervi ; le Grand Concile, & une Lettre griſe qui en dépend : Epreuves ſans lettres avant l'Edition, & la Médaille de la Ville à la gloire de Louis XIV, où ſe voit ſur le revers l'Abondance ; cette Piece, qui eſt accompagnée de pluſieurs ornemens, ſe trouve ici avec beaucoup de différence de l'ordinaire.

452. Douze Eſtampes ; ſavoir, la Multiplication des Pains, de deux épreuves avant & avec la Lettre ; le *Parvulus*, auſſi de deux différentes épreuves ; Elie enlevé au Ciel dans un char enflammé, de deux épreuves, à la premiere les chevaux du char ſont moins ombrés ; Tobie au bord du Tigre ; les deux Vignettes du Saint Auguſtin & la Lettre qui en dépend, premieres épreuves avant l'Edition ; la Vignette de Marc-Antonin, premiere épreuve, & le petit Mauſolé de la Reine.

453. La Vie des Saints, ſuite complette, à laquelle on a ajouté quelques-uns de ceux de Gantrelle.

454. Cent cinquante-quatre Pieces ; ſavoir, les différentes Meſſes, l'Hiſtoire des Mathurins ; la Vie de Saint

Benoît, & deux Portraits de le Clerc, l'un gravé par Duflos, & l'autre par Jeaurat. LE CLERC.

455. Vingt Pieces, rares, dont la Paire d'Heures de Venise; le Triomphe de Trajan, épreuve avant la Lettre; la Conversion de Saint Paul, de la même condition, aussi bien que quatre Vignettes, deux du Vitruve, une du Van-Opstat, & celle de l'Histoire metallique de la Hollande de Bizot. 82

456. Cinquante-quatre Estampes, rares, dont une piece qui avoit été faite pour les tapisseries, & qui n'a point servi: elle représente les quatre Elémens & les quatre Saisons, caracterisés par les Divinités qui y présidoient selon la Fable; les Tableaux de la Passion; les Tableaux parlants de la Vie morale & mondaine; les Péchés Mortels; le Portrait du Cardinal Fustemberg; le Titre du Traité de la Divine Sagesse, & autres pieces des premieres manieres de le Clerc, gravées à Metz, & très rares. 106

457. Quarante-deux Estampes, dont le Saint Claude que M. le Clerc grava pour M. Potier: cette piece est de trois différentes épreuves, la premiere est avec le Saint Claude, dans la deuxiéme le Saint Claude est effacé, & l'on 40

LE CLERC.

voit dans la troisieme une Madeleine que M. Eisen a gravée à la place du Saint : les autres sont les quatre Dialogues de l'Abbé de Choisi, ou les quatre Abbés ; le petit Paradis, &c.

458. Quatre-vingt-deux Vignettes, Titres, Lettres grises & Culs de Lampes, dont l'Histoire Ecclésiastique, les Heures Espagnoles, la Vignette de l'Abbé Bignon, celle des Prédestinés avec sa Lettre, celle des Arts, & autres.

459. L'Academie des Sciences, premiere épreuve avant le Squelette de Cerf ; & l'Entrée d'Alexandre dans Babylone, avec la Tête de profil, & avant l'arcade qui sert de fond à la figure d'Alexandre : piece extrêmement rare.

460. L'Entrée d'Alexandre, & l'Academie des Sciences, épreuves ordinaires, très bonnes.

461. Cent trente-sept Médailles, qui pour la plûpart ont servi à l'Histoire Metallique de Louis XIV.

462. Deux cens soixante Estampes, dont les Statuts, & autres morceaux relatifs à l'Ordre du Saint Esprit ; les Vignettes de l'Histoire de la Ligue, la Harpe, les Monnoies de Sainte Genevieve, & autres.

| | LE CLERC. | |
|---|---|---|
| 463. Soixante & ſept morceaux, dont l'Hiſtoire de Toulouſe, premieres épreuves avant l'édition; celle de la Maiſon d'Auvergne; la Vignette du Laboureur, & autres. | 40 | 1 |
| 464. Le Triomphe de Charles IV, Duc de Lorraine, en vingt-deux pieces, y compris le Portrait de ce Prince à cheval, pieces rares, gravées à Metz. | 33 | 10 |
| 465. Soixante & treize Eſtampes, dont l'Hiſtoire du Duc de Lorraine en trente-ſept pieces; les petites Conquêtes en huit pieces, le Siege de Namur, la Forteſſe de Montmeliand, & autres. | 24 | |
| 466. Quarante-neuf Eſtampes; ſavoir, l'Hiſtoire des Antilles en dix-huit pieces, premieres épreuves; & une ſuite de Figures anatomiques de Perault. | 17 | 17 |
| 467. Treize morceaux, la plûpart Vignettes, dont celle des Animaux avant d'être tronquée; celle des Hollandois avec un fond blanc; celle de Bouillon, premiere épreuve avec différences de l'ordinaire; l'Enſeigne de Lyon, très rare; les deux Ecrans roïaux, & autres. | 48 | 1 |
| 468. Soixante & ſept Eſtampes, dont le Labyrinthe de Verſailles, premieres épreuves avant d'être chifrées; les Fables d'Eſope, & autres. | 19 | 2 |

LE CLERC. 469. Vingt-quatre Estampes ; savoir, deux suites des Batailles d'Alexandre. Une de ces suites est avant la Lettre, à l'exception de la Famille de Darius, qui cependant est avant que l'Epaule de la femme qui est au pied d'un arbre, ait été ombrée : le surplus sont des Vignettes & Lettres grises.

470. Quatorze Estampes, dont l'Alliance des Suisses, épreuve singuliere non-finie, dont le fond est pur de le Clerc : cette Piece a été depuis rachevée par Nolin ; un trait en petit de la Galerie de Versailles, morceau très rare; une des Devises de l'élement du feu, ayant pour corps un encensoir; premiere épreuve, dont les brasiers qui sont aux deux côtés du Cartel, jettent une épaisse fumée qui a été supprimée depuis ; & le sujet de Lustucru, d'une plus grande forme que l'ordinaire ; il est gravé simplement au trait, & fort rare.

471. Les Tapisseries des quatres Saisons & des quatre Elemens avec leurs devises, en quarante-neuf pieces, y compris le Siege de Tournay ; l'Alliance des Suisses, & autres.

472 Les Conquêtes de Louis XIV, en trente-une pieces, y compris un passe-

partout pour écrire le Titre ; & la grande Bataille de Cassel.

LE CLERC.

473. Deux suites différentes des Animaux du Cabinet du Roi, en soixante & dix-huit pieces, y compris le Titre & les Vignettes : une de ces suites est tronquée.

474. Soixante & onze Pieces, dont les Heures à la Chanceliere, les Gonds d'Angleterre, l'Academie de Platon, morceau rare, & autres.

475. Quatorze Estampes, représentant pour la plûpart des Tombeaux & des Catafalques, dont celui de Charles XI, Roi de Suede, premiere épreuve avant la Lettre, & celui du Chancelier Seguier : Piece qui a servi pour la reception de le Clerc à l'Academie Royale de Peinture & Sculpture.

476. L'Apothéose d'Isis, premiere épreuve avec les Danseurs, & celle avec les Sacrificateurs avant la Lettre, & une Eau-forte de la même piece avec les Danseurs.

477. Les Tireurs de Nantes, piece rare, d'une épreuve parfaite.

478. Vingt-neuf Estampes, dont une Tête de Vieillard, très rare ; la Prestation de Serment de M. Dangeau, avant la Lettre, & autres.

479. Soixante & cinq morceaux, dont

LE CLERC. les Métamorphoses d'Ovide avec le Titre; l'Histoire de Psychée en quatre pieces; la Cleopâtre, les Œuvres de Racine avec quatre épreuves différentes de la Tragedie d'Esther, du même Auteur.

480. Dix Estampes, dont les deux petites Venus, rares, trois copies différentes de ces pieces; la Vignette de Tivoli & sa Lettre, & autres. On ne connoît gueres que deux ou trois épreuves de la premiere Venus, dont une est chez le Roi, & vient de l'Œuvre de feu M. de Beringhen, à qui M. Potier en avoit fait présent.

481. Soixante & treize Estampes, dont une Allegorie appellée la Barque, premiere épreuve sans Lettres; l'Office de la Vierge, ouvrage de Metz; la Cour d'Amour; plusieurs morceaux des Saints, de Gantrelle, premieres épreuves non-retouchées, sans Lettres; le Titre de l'Histoire des Goths, & autres.

482. Les petits Poètes Italiens en soixante-dix-huit pieces, très belles d'épreuve.

483. Deux cens quarante-sept pieces; savoir, le Livre à dessiner, dedié à M. Boucœur, de deux épreuves différentes, chifrées & non-chifrées en qua-

rante pieces ; celui dedié à M. Colbert d'Ormoy, de même condition en soixante pieces ; les Caracteres des Passions, d'après le Brun en vingt pieces ; les principes de Dessein en cinquante-une pieces ; les Figures d'Academie de Dufresnoy en trente-deux pieces, & les Modes en quarante-quatre, avec plusieurs épreuves répétées à cause des différences. LE CLERG.

484. Soixante & dix pieces, dont la suite des divers états & conditions de la Vie humaine, avec plusieurs premieres épreuves, différentes des ordinaires, en ce que les chapeaux des Figures sont d'une forme plus allongée : cette suite est composée de trente-deux pieces, & la plus complette qui se puisse trouver ; les deux morceaux de la Bible de Royaumont, épreuves sans Lettre ; une Vignette des Animaux, très rare, qui n'a jamais servi à la suite, & autres pieces. 72

485. Cent quarante-trois Païsages ; savoir, les Environs de Paris en dix-huit pieces, à cause de six qui sont répétées avec différence, la suite dediée à M. le Duc de Bourgogne, en soixante pieces ; celle de M. de Courtenvaux, en quarante pieces, y compris plusieurs doubles ; celle dediée à 56

LE CLERC

M. de Beringhen, de vingt-quatre morceaux, répétés avec différences, & le petit plan de Verſailles.

486. Quarante-ſix Eſtampes, dont le Plan de Metz, rare; la Jonction des deux Mers, épreuve parfaite; les Remarques d'Abraham Fabert avec le Portrait de l'Auteur, imprimé au *verſo* du Titre, piece très rare; & autres.

487. Deux cens ſept Pieces, dont la Deſtruction de Luſtucru, Piece rare; les Fortifications de Brioys, la petite Géometrie, le point de vûe, le Syſtême de l'Univers, & autres.

488. Soixante & dix-neuf Figures pour la Traduction de Vitruve, par Cl. Perrault, dans leſquelles il ſe trouve pluſieurs morceaux gravés par le Clerc.

489. Deux Eſtampes; ſavoir, la Repréſentation des Machines qui ont ſervi à enlever les deux grandes pierres qui couvrent le fronton du Louvre, épreuve parfaite avant l'écriture, rare à trouver de cette façon; la ſeconde eſt l'élevation du Periſtyle du Louvre, par Marotte, dont le Clerc a gravé les bas reliefs qui ornent cet édifice.

490. Quarante-neuf pieces, dont le Palais de Stockholm, le Temple de

Salomon; l'Arc de Triomphe; l'Ordre François de Perrault, & autres morceaux d'Architecture.

491. Soixante & six Estampes, dont les Pavillons de Marly, & la Chapelle de Versailles.

492. Les Figures du Livre d'Architecture de le Clerc, en quatre-vingt-onze pieces.

## ESTAMPES DE LE CLERC, SURNUMERAIRES A L'ŒUVRE.

493. Deux cens quatre Estampes, parmi lesquelles il s'en trouve de rares, & plusieurs morceaux de Callot & de la Belle.

494. Trente-huit Estampes des Conquêtes de Louis XIV, par le Clerc, Chastillon, Dolivart, & autres.

495. Deux cens trois Pieces, dont la petite Géometrie, le Brioys, le petit Vitruve, & autres.

496. Deux cens soixante & cinq morceaux, dont les Petits Poètes, la Cleopâtre, l'Histoire des Antilles, & l'Arc de Triomphe.

497. Cinquante-trois Estampes, dont l'Histoire du Cardinal Ximenès, celle de Toulouse; l'Academie de Platon;

LE CLERC. le Grand Concile; la Vignette de l'Abbé Bignon, & le Tivoli.

36 1 498. Deux cens cinq Estampes, dont l'Histoire Ecclesiastique, celle de la maison de la Tour d'Auvergne, les Petits Poètes, le Camouflet des Auteurs, le Grand Concile, &c.

32 19 499. Deux cens quatre-vingt Vignettes, Culs de Lampes, & autres pieces propres à completer des suites, parmi lesquelles il y en a de rares.

## ŒUVRE DE CHAUVEAU.

9 5 500. Cent quatre-vingt-quatre Pieces, dont la Sainte Cecile du Cabinet du Roi; plusieurs suites de Vignettes de la Bible, les Figures du Poème de Pharamond, celles du Poème de St. Louis, & autres morceaux, tous beaux d'épreuve.

9 1 501. Trois cens vingt Estampes & Vignettes, dont le Breviaire Romain; Alaric, Poème de Scuderi; les Metamorphoses d'Ovide pour les Rondeaux de Benserade, premieres épreuves avant l'Edition, gravées six à six sur une même planche, les Fables d'Esope, & autres.

10 10 502. Cent trente-trois Vignettes, Titres

de Livres, & autres sujets, dont la Vie de Saint Bruno, d'après le Sueur, premieres épreuves. | CHAUVEAU.

503. Cent quatre Estampes & Desseins, dont l'Histoire Grecque, premieres épreuves, la plupart avant la Lettre; le Carousel, dont plusieurs morceaux sont aussi avant la Lettre; & trente-trois Desseins; dans le nombre desquels il y a quelques Metamorphoses, & quatre sujets pour la premiere édition du Lutrin de Boileau. Il n'y a eu de gravé que celui qui représente la molesse. | 12 | 18

ŒUVRE D'EDELINCK.

La beauté du burin d'Edelinck, a mis ce Graveur au rang d'un des meilleurs Artistes du siecle dernier, si fécond en habiles gens. On trouve dans ses Estampes un travail gracieux & savant, qui rend dans leurs vrais caracteres les Tableaux des Maîtres, d'après lesquels il a gravé. Il a sur-tout exécuté supérieurement les Portraits, & feu M. Rigauld, quoique si bien secondé par le burin précieux des

EDELINCK. Drevets, regrettoit souvent celui d'Edelinck, dans lequel il trouvoit une grande liberté, qui en conservant à ses Estampes un beau fini, ne laisse point appercevoir un travail peiné.

Les Epreuves qui composent cet Œuvre, ont été choisies avec le même soin que celles des collections précédentes, & ne laissent rien à desirer aux Amateurs.

### SUJETS.

504. La Sainte Famille, d'après Raphael, premiere & parfaite épreuve avant les armes de Colbert.

505. La Madeleine des Carmelites du Faubourg Saint Jacques, d'après le Brun, premiere épreuve sans Lettre.

506. Trois Estampes, d'après le Brun; savoir, la Madeleine des Carmelites; le Saint Louis, & le Saint Charles Boromée qui est à Saint Nicolas du Chardoneret, dans la Chapelle où est inhumé M. le Brun.

507. La Famille de Darius, d'après le Brun; & le même sujet, d'après Mi-

gnard, commencé par Edelinck, & terminé par P. Drevet.

EDELINCK.

508. Neuf Estampes, dont le Saint Joseph, d'après le Brun; le Moïse, d'après Champagne, & une Bataille d'après la Fosse.

509. Trente-quatre Pieces, dont le Crucifix aux Anges, de le Brun, en deux pieces; la Couseuse du Guide; plusieurs jolies Vignettes, rares, & autres.

510. Vingt-quatre Estampes, d'après différens Maîtres.

511. Trente morceaux, dont le Groupe des Bains d'Apollon, plusieurs Statues de Versailles, & différentes Enigmes, rares, tirées des Métamorphoses.

512. Huit grandes Theses, dont sept sont en deux feuilles.

## PORTRAITS.

513. Cinquante-sept Portraits de Personnes illustres.

514. Quarante-six Portraits, dont le Chancelier d'Aligre, & Pierre-Maurice le Tellier, Archevêq. de Rheims. La tête est de grandeur naturelle.

515. Vingt-deux Portraits, dont le Comte de Kaunitz, rare; le Grand Duc de Toscane & son Epouse, peints par

EDELINCK. Rubens dans la Galerie de Luxembourg, & autres.

516. Quarante-sept Portraits pour la suite des Hommes illustres de Perrault, dont ceux d'Arnaud, de Paschal, & de la Fontaine, des premieres épreuves.

517. Vingt-un Portraits choisis; savoir, l'Abbé Bignon, épreuve sans Lettre, Santeuil, Dilgerus, Madame de Lamoignon, Madame Eliot, & autres.

518. Seize beaux Portraits, dont Leonard, Imprimeur du Roi; Poisson le pere, en habit de Crispin; Mouton, fameux joueur de Luth; l'Abbé de Lionne, M Arnaud, &c.

519. Soixante & treize Portraits de Peintres, Sculpteurs & Graveurs, dont plusieurs sont d'Edelinck, & autres bons Maîtres; suite intéressante pour les Amateurs, parmi laquelle il y en a plusieurs de rares.

## ŒUVRE DE NANTEUIL.

Le nom de Nanteuil est célebre parmi les Artistes qui se sont particulierement adonnés au Portrait. Cet habile homme, qui avoit été destiné par ses parens à l'étude des

Belles-Lettres, se trouva forcé par son génie à quitter cette brillante carriere, pour suivre celle des Arts. Il se distingua avec tant de supériorité dans le genre qu'il embrassa, que tout ce qu'il y a eu en France de personnes célebres, ou par leur naissance ou par leurs talents, se sont fait un plaisir d'avoir leurs Portraits de sa main; c'est ce qui rend ce recueil aussi intéressant, par la perfection du travail de chaque morceau, que par les grands Hommes qui y sont immortalisés.

NANTEUIL.

| | | |
|---|---|---|
| 520. Quarante-six Portraits de Personnes illustres. | 9 | 6 |
| 521. Cinquante-cinq Portraits, dont plusieurs beaux de M. Colbert. Dans le nombre de ces Pieces se trouve la These de Philosophie que cet habile Maître a soutenue à Rheims, & qu'il a gravée lui-même. | 10 | 12 |
| 522. Vingt-deux beaux Portraits, dont l'Avocat de Hollande, morceau rare de la premiere épreuve; M. de Colbert; la Reine Anne d'Autriche, dont la tête est de grandeur naturelle, &c. | 27 | 2 |

NANTUEIL.

523. Vint-deux Portraits de choix, dont le petit Loret, Pompone de Bellievre, Monsieur de Turenne, & autres, la plûpart, des premieres épreuves avant la Lettre.

## SUJETS ET PORTRAITS DE DIFFERENS MAÎTRES.

524. Quatre-vingt-quinze Portraits de Personnes illustres, par différens Maîtres.

525. Soixante & quinze Portraits. *idem.*

526. Quatre-vingt-neuf. *idem.*

527. Cent onze. *idem.*

528. Trente-neuf Estampes allegoriques à l'Agiot, & autres affaires du temps.

529. Sept Portraits, dont six, d'après Rigault; savoir, Louis XIV & Louis XV, en pieds, gravés par P. Drevet; la Duchesse de Nemours; le Cardinal de Bouillon; le Comte d'Evreux, & une Vignette du Portrait de Madame: petit chef-d'œuvre de P. Drevet.

530. Dix-huit Portraits, d'après Rigault, dont ceux de Madame, de M. de Luxembourg, de Boileau, & autres.

530 *bis.* Vingt-six Portraits, d'après Rigault & autres.

531 Seize Portraits de différens Maîtres, dont le Stathouder de Hollande

dernier mort, & ſon Fils, par Houbraken; M. Rollin, M. de Maupertuis en habit de Lapon, M. Algarotti, Pecourt fameux danſeur, M. de Crebillon & autres.

532 Le beau Portrait du Comte d'Harcourt, appellé Cadet la perle, par Maſſon & le Briſacier, du même, épreuve avant la lettre.

533 Vingt-cinq Portraits de différens Maîtres, dont celui de M. le Dauphin & celui de Rouſſeau.

533 *bis*. Sept Portraits d'après Rigault & Aved.

534 Vingt-quatre Eſtampes d'après le Pouſſin, dont le Tems qui enleve la Vérité, premiere épreuve, avant la petite draperie qui couvre la Vérité; le Coriolan, le frappement du Rocher &c.

535 Soixante deux Eſtampes de Mellan, dont le Portrait de Juſtinien, rare, & deux ſuites de Statues & Buſtes du Cabinet du Roi, une des deux eſt avant la lettre.

536 Six Eſtampes d'après le Brun, dont la Conquête de la Franche-Comtée, peinte dans la gallerie de Verſailles, premiere épreuve, avant d'être retouchée, la Famille de Darius, gravée par Edelinck &c.

537 Plusieurs Plafonds & Theses, d'après le Brun, en vingt-neuf pieces, dont la Coupole de la Chapelle de Sceaux, le Plafond du grand Escalier de Versailles & autres.

538 Vingt-deux Estampes, d'après le Brun, Champagne, Coypel & autres Maîtres.

539 Seize Estampes d'après Mignard, dont la Communion de Saint Charles, de deux différentes épreuves, dans la premiere, le Saint donne la Communion de la main gauche; la Vierge au raisin, très belle épreuve, plusieurs grandes Theses & autres.

540 Vingt-trois pieces d'après le Sueur, dont la Maladie d'Alexandre, Saint Paul faisant brûler des Livres, le Martyre de Saint Laurent &c.

541 Vingt-cinq Estampes d'après le Poussin, Champagne, Stella & autres Maîtres, dont le grand Crucifix de Champagne.

542 Dix-huit morceaux d'après le Moine, de Troye, & Pierre, dont la grande These de le Moine & les quatre sujets du même, gravés par M. Cars, savoir Hercule & Omphale, le Tems qui enleve la Vérité, Andromede & la Baigneuse.

543 Vingt-une Estampes, du Bourdon,

Boulogne & autres bons Maîtres.

544 Seize pieces d'après Antoine Coypel, dont les Adieux d'Hector & d'Andromaque, la Colere d'Achille, Athalie &c. 24 16

545 Vingt-cinq morceaux de Wateau & Lancret. 22

545 *bis.* Qurante-trois Estampes de Wateau, Cochin & autres. 14. 6

546 Vingt-huit Estampes des Contes de la Fontaine, d'après Lancret, Pater, Boucher & autres Maîtres, elles sont des premieres épreuves. 28

547 Trente-huit Estampes d'après MM. Boucher, C. Van-Loo, Bouchardon, Chardin & autres bons Maîtres modernes, dont la Belle Villageoise, gravée d'après M. Boucher, par M. Soubeyran : cet habile Graveur a sçu rendre avec beaucoup d'art tout le gracieux de la composition de l'aimable Peintre, Auteur de ce morceau. 34

## ŒUVRE DE BERNARD PICART.

Ceux qui recherchent dans les Estampes le gracieux de la Composition, & le beau fini, feront toujours grand cas de celles de B. Picart : Cet habile Graveur, qui a

PICART. passé la plus grande partie de sa vie en Hollande, s'est appliqué à travailler avec une extrême propreté, afin de satisfaire une Nation qui estime particulierement les Ouvrages soignés. La collection que nous annonçons a été faite avec beaucoup d'attention, & les Epreuves en sont de la plus grande beauté.

548 La suitte des Impostures innocentes, en soixante-dix-huit pieces, y compris le Portrait de B. Picart, la quatrieme piece manque,

549 Les Peintures de le Sueur & de le Brun, qui sont à l'Hôtel Lambert, en trente-sept pieces, non compris les titres & explications, & deux épreuves à l'eau forte de la Délivrance d'Hesione par Hercule, peinte par le Brun; cette suite est très complette & intéressante.

550 L'Histoire de Méleagre, d'après les Tapisseries du Palais Royal, exécutées sur les desseins de le Brun, en huit pieces y compris le titre,

551 Dix-huit Estampes, dont l'Agiot, le Portrait de Messire Quinquempoix, le Gouvernement de la Reine, grand

| | PICART. | |
|---|---|---|
| morceau de la Galerie de Luxembourg &c. | | |
| 552 Treize pieces, dont le *Quos Ego*, d'après Coypel, l'Assemblée des Etats du Languedoc, le Jeu de la Constitution, piece très rare, &c. | 21 | |
| 553 Seize pieces, dont la grande Bataille de Porus, d'après Gobert, en trois pieces; Renauld & Armide, commencé par F. Chereau & terminé par Picart; les figures des Œuvres de Leon-Baptiste Albert &c. | 12 | 3 |
| 554 Soixante-onze Estampes, pour les Œuvres de M. de Fontenelle, premieres épreuves avant l'édition. | 24 | |
| 555 Vingt Titres de Livres & Vignettes, dont le Triomphe de la Peinture, la Minerve premiere épreuve, avec les vers, le Massacre des Innocens, avant la Couronne sur la tête d'Herode, les Traités de paix, la Médaille des graces &c. | 24 | |
| 556 Quarante-cinq Titres, Vignettes & Culs-de-lampes, dont le titre des Œuvres de la Fontaine; les quatre Fables de la Motte; la Médaille des graces; une Résurrection, une Gloire de Saints & un Titre; ces trois morceaux sont accompagnés des desseins qui ont servi à les graver. | 24 | 19 |
| 557 Le grand & petit Boileau, en soi- | 49 | |

PICART. xante-dix-neuf pieces, premieres épreuves avant l'édition.

558 Trente-quatre Titres, Vignettes & Culs-de-lampes, dont le Titre des Métamorphoses, celui des Cérémonies Religieuses, les Traités de paix, l'Alliance des Suisses, le grand Dictionnaire historique, les deux Vignettes de la Mort de Marie, Reine d'Ecosse, & de celle de Charles I, Roi d'Angleterre; le Cabinet d'Histoire Naturelle de Vincent, le Rossignol, & autres morceaux intéressans.

559 Seize Vignettes & Titres de Livres, dont celui de l'Histoire des Princes qui ont gouverné les Pays-Bas; le Triomphe de la Peinture, les Voyages de la Motraye, le Cabinet du Prince de Saxe Gotha &c.

560 Quatre-vingt-dix-neuf Vignettes, Titres & autres morceaux, dont les figures de Télémaque, l'Alcoran des Cordeliers, les Œuvres de Saint Evremond, les Mémoires de Frederic Henri Prince d'Orange & autres.

561 Vingt-trois Estampes, dont plusieurs beaux Titres, savoir les Annales de la Monarchie Françoise, les Antiquités Romaines, la Navigation de l'Asie, l'Afrique & l'Amérique, le Titre d'un Atlas, celui de Palladio, l'Histoire

l'Histoire Metallique de la Hollande &c.

562 Quinze pieces, dont le Massacre des Innocens, premiere épreuve avec les trois Vignettes qui en dépendent ; la Minerve avec les vers, &c.

563. Les Noces ou Epithalames en dix-sept pieces, à cause de plusieurs différences qui se trouvent à quelques-unes : Estampes des plus recherchées pour leurs compositions agréables.

564. Cent cinq Estampes, dont l'Iliade d'Homere, les Comedies de Terence, & autres.

565. Quatre-vingt-treize Pieces, la plûpart Titres de Livres, dont les Figures du *Cimbalum Mundi*, &c.

566. Les Céremonies Religieuses, premieres épreuves en 291 pieces, y compris celles qui ont servi à la seconde Edition ; l'Histoire des Incas du Perou, & la Bible de Mortier : Article très intéressant par la variété des objets, également instructifs & amusants.

567. Vingt-six Estampes représentant pour la plûpart, des évenemens de l'Histoire de Hollande.

568. Cinquante-trois Portraits & Vignettes, dont celles des Césars, de l'Empereur, Julien avec le Titre.

B. PICART. 569. Soixante quinze Vignettes, Culs-de-Lampes, Modes, & autres morceaux, dont quelques-uns de M. Dubourg, habile Peintre Hollandois.

570. Soixante & treize Estampes, dont le Carosse qui a servi à l'entrée du Duc d'Ossone, Ministre Plenipotentiaire d'Espagne au Congrès d'Utrecht en 1713.

571. Cent dix-sept morceaux, dont plusieurs sujets de tabatieres, le Roman de Robinson Crusoë, & autres.

572. Soixante & cinq Estampes de Modes Françoises, y compris les Caracteres des Passions, d'après le Brun, & autres pieces.

573. Quarante-deux Portraits, dont celui de Picart, gravé par Verkolie, le Prince Eugene, le Comte de Sinzindorf, &c.

## DIFFERENS MAÎTRES.

574. Deux cens quatre-vingt-dix-sept Estampes, la plûpart Vignettes, dont un grand nombre de M. Cochin le fils, pour l'Histoire de France du Président Henault, pour celle des Voyages, & autres sujets.

575. Neuf Estampes représentant des Catafalques & des Fêtes, dont celles

du premier mariage de Monſeigneur le Dauphin, par M. Cochin, le fils.

576. Soixante-ſix Eſtampes de différents Maîtres.

577. La ſuite du Carouſel donné par Louis XIV, avec les Explications Françoiſes, & un recueil de Medailles du bas Empire, faiſant en tout quatre-vingt cinq pieces; il en manque quelques-unes au Carouſel.

578. La ſuite complette des Statues & Buſtes du Cabinet du Roi, par Mellan & Baudet, en ſoixante Pieces.

579. Les Fêtes de Verſailles en neuf pieces, la Grotte en vingt, & le Plafond de la Chapelle de Sceaux en cinq, faiſant en total trente-quatre pieces.

580 Quatre-vingt-dix-ſept Pieces dépareillées du Cabinet du Roi, compoſées de Statues, Buſtes & ſujets, avec l'Explication des Tableaux.

581. Les Figures de la Bible de Mortier en cent dix-neuf pieces.

582. Cent quarante-deux Figures pour l'antiquité expliquée du P. Montfaucon.

583. Les Vaiſſeaux de Randon en dix-huit pieces.

584. Onze morceaux de Topographie, dont Saint Paul de Londres.

584. *bis.* Vingt-deux grands morceaux

composants la suite des Tombeaux des grands Hommes d'Angleterre, gravés d'après les Desseins de Mrs. Boucher, Van Loo, & différents Maîtres modernes d'Italie, par les meilleurs Graveurs du temps.

Il est à propos de remarquer au sujet de ces Estampes, que M. l'Abbé le Blanc, qui nous a donné de si belles Lettres sur les Anglois, pour mieux faire connoître le ridicule des pompes funebres de ce Peuple singulier, a semblé croire que cette suite avoit été faite pour servir de modele à la construction des tombeaux que voudroient élever les particuliers; & pour faire un contraste plaisant, il a affecté de faire sentir que l'on a emploïé pour ces compositions, dont l'objet ne peut être que serieux, le craïon enjoué de M. Boucher, le plus galant de tous nos Peintres: mais pour faire voir que cet endroit de la Lettre de Monsieur l'Abbé le Blanc, n'est qu'une de ces exagérations employées par les Auteurs, pour égaïer leurs matieres, il suffit de dire que cette suite a été imaginée par un zélé Patriote, qui a voulu rendre hommage à la mémoire des Grands Hommes en différents genres, qu'a produits l'Angleterre, tels que Newton, le Duc de Marlborough, & autres Personnages fameux. Il est bon aussi de remarquer que dans les Compositions de M. Boucher, cet excellent Maître a bien fait connoître que ses craïons ne sont pas toujours entre les mains des Amours, & qu'il sait, quand il veut leur faire prendre un vol plus élevé; en effet les Desseins qu'il a composés pour cette suite, sont de la plus grande maniere; les Figures qui en font l'ornement, sont parfaitement convenables au sujet, & caractérisent avec justesse l'état & les talens de ceux, à l'honneur de qui ils ont été imaginés. Ils sont un sûr témoignage, par la comparaison qu'on en peut faire avec les morceaux de la même suite, composés en Italie ; combien notre Ecole présente est supérieure à celle qui nous reste de cette ancienne Maîtresse des Arts.

585. Deux cens onze morceaux de Topographie & Païsages.

586. Sept cens soixante & deux Estampes de peu de conséquence.

587. Soixante & huit Cartes Géographiques, dont l'Asie, l'Afrique, l'Amerique, & l'Italie de M. Danville : une ancienne Carte, très rare de l'Austrasie, par Tavernier ; le Bresil, par Georges Margraffe, Allemand : Carte rare en douze feuilles ; quelques-unes de Delisle, & l'Amerique Septentrionale traduite de l'Anglois, par Monsieur le Rouge.

---

# PLANCHES

## GRAVÉES PAR LE CLERC.

588. Une Planche de le Clerc, représentant un Païsage où étoit gravé ci-devant un Saint Claude, auquel M. Potier a fait substituer une Madeleine

par M. Eizen, avec six premieres épreuves du Saint Claude, accompagnés d'une contre-épreuve, & dix-huit épreuves de la Madeleine.

589. La Planche du Songe de Salomon avec quatre-vingt-six épreuves. 21 19

590. La Venus sur les eaux avec les augmentations d'Eisen : on y a joint quatre premieres épreuves, & vingt-trois comme elle tire à présent. 57

591. La copie de la premiere Venus, rare, avec cent quatorze épreuves, & celle de la seconde avec cent seize épreuves : ces Copies sont faites avec beaucoup de justesse. 18 1

592. Vingt-deux Planches ; savoir, le le Chapitre de l'Ordre du Saint Esprit, qui n'a pas servi aux Statuts de cet Ordre, avec sept épreuves. 37

Le Portrait du Pere de M. Potier en forme de Médaille avec vingt-neuf épreuves.

Treize Médailles de l'Histoire de Louis XIV, qui n'ont point servi au Livre, avec soixante & seize épreuves.

Un petit Païsage, & son pendant qui représente un enfant tenant un plan, avec sept épreuves de ce dernier morceau.

Quatre Muses gravées au trait, & vingt-huit épreuves.

La derniere Planche est une Vignette pour l'Histoire de Toulouse, qui n'a pas servi à ce Livre.

593. Les quatre morceaux de l'Histoire de Psychée avec quarante-cinq suites des premieres épreuves, dix-sept morceaux imparfaits, & quatre-vingt-une suites des dernieres épreuves.

## MEDAILLES.

594. Trente-une Médailles de moyen & petit bronze, dont trois antiques.

Vingt-huit Médailles & Monnoies anciennes & modernes d'argent fin, dont plusieurs rares & intéressantes, entr'autres une du Czar frappée à Petersbourg, & une d'or de l'Imperatrice Reine d'Hongrie.

Trente pieces de Monnoies anciennes de Billon.

Ces trois Articles seront détaillés.

595. Une boëte de Lacq renfermant six pains d'encre de la Chine.

# LIVRES D'ESTAMPES.

596. UN petit Œuvre du Parmesan contenant cent dix sept morceaux en partie, gravés par lui même. *Vol. in-fol. Parchem.*

597. Recueil d'Eaux fortes du Guide, Pesares, Elisabeth Sirani, & autres Maîtres, en cent cinquante-trois pieces. *v. in-fol. veau.*

598. L'Œuvre de Willem-Baur, Maître Allemand, dont les Ouvrages sont extrêmement agréables. Toutes les Estampes sont des premieres épreuves: cet exemplaire vient du Cabinet de feu M. de Lorangere. *grand in-fol. veau.*

599. L'Œuvre de Gerard Lairesse, qui est de tous les Maîtres Hollandois celui qui a le plus travaillé dans la grande maniere. *vol. in-fol. v.*

600. Recueil de plusieurs petits sujets, par Tempeste en plus de deux cens pieces, avec le Portrait de ce Maître,

gravé par le Padouan. *vol. petit in-fol. maroq. vert.*

601 Les vingt-quatre Tableaux du Cabinet du Roi, avec leurs explications, la Sainte Famille, de Raphael, gravée par Edelinck, avec les armes de Colbert. *vol. in fol. v.*

602 La Gallerie de Luxembourg, d'anciennes épreuves, parfaitement conditionnées. *vol. in fol. v.*

603 Les Tapisseries du Roi, gravées par le Clerc, où sont représentés les quatre Elémens & les quatre Saisons, avec leurs Devises & le Discours, premiere édition, de l'Imprimerie Roïale 1670. *vol. in fol. v.*

604 Les mêmes Tapisseries, de la seconde édition. 1679. *in fol. v.*

605 Les grandes Batailles d'Alexandre, d'après le Brun, gravées par G. Audran & Edelinck, avec la Bataille & le Triomphe de Constantin, premieres épreuves, de l'impression de Goyton. *in fol. Carta Maxima. mar. rouge.*

606 Recueil d'Académie & Etudes, d'après les plus grands Maîtres d'Italie, gravées par Jean de Bisschop. *La Haye*, 1671. *petit in fol. v.*

607 L'Académie de l'admirable Art de la Lutte, avec les figures de Romain de Hooge, *Leyde*, *vol. in 4. v.*

608 Recueil de deux cens quatre-vingt-trois Estampes, à l'eau forte, gravées, par différens Peintres, d'après les desseins du Cabinet de M. Jabach, qui sont aujourd'hui au Cabinet du Roy, *gros vol. in fol. oblong. v.*

609 Les Pastorales de Mlle. Stella, anciennes épreuves, *petit in fol. obl. parch.*

610 Les Jeux d'Enfans, de Stella, gravés par Antoinette Bousonet Stella, belles épreuves.

611 L'Œuvre de J. Mariette, en huit cens vingt pieces. *grand in fol. v.*

611 *bis.* Un volume *in 4. oblong.* contenant cent dix Estampes, de différens Maîtres.

612 Desseins d'habillemens d'Opera, gravés par Joulain, d'après Gillot. *vol. in 12. parch. vert.*

613 *Icones Historiarum Veteris Testamenti*, ou figures du Vieux Testament, avec des gravures en bois & des Vers françois, servant d'explication, *Lyon*, 1547. *petit in 4. v.*

614 Les Saints Fondateurs des Ordres Religieux, peints dans le Chœur du Monastère des Liessies, de l'Ordre de Saint Benoît, à Anvers, gravés par Corn. Galle. 1630. *in 4. parch.*

615 Histoire de l'Institution de tous les

Ordres Religieux, avec leurs habits, gravés par Odoard Fialetti Boulonnois, éleve des Caraches, avec le Discours françois & italien. *Paris*, 1658. *in* 4. *v*.

616 La Forêt des Hermites & Hermitesses d'Egypte & de la Palestine, avec les Figures, gravées par Bolsvert, d'après Abraham Bloemaert. *Anvers*, 1619. *in* 4. *Parch*.

617 La Vie du P. Gabriel Maria, de l'Ordre de Saint François, celle de Sainte Catherine de Sienne, & une suite de Saintes, gravées à Anvers, par Corn. Galle & autres. *petit in-quart. v*.

618 Le Panégyrique de Saint Louis, & autres Panégyriques, Discours & Oraisons funebres, par l'Abbé de la Chambre, avec des Figures de le Clerc. *Paris*, 1681. *vol. in* 4. *v*.

619 L'Histoire du Cardinal Ximenes, par M. Esprit Flechier, Evêque de Nismes, avec Figures de le Clerc. *Paris*, 1693. *in* 4. *v*.

620 Les Emblêmes de l'Amour divin, par Otho Vœnius, avec des Explications latines, espagnoles, flamandes & françoises. *Anvers*, 1615. *in* 4. *mar. rouge*.

621 Les Emblêmes Latins de J. Sam-

buci, avec des Figures en bois. *Anvers*, 1569. *petit in 8. parch.*

622 Les Métamorphoses d'Ovide, en vers italiens, par Gabriel Symeoni, avec des Figures en bois. *Lyon*, 1584 | 5

623 Les Métamorphoses d'Ovide, par Ant. Tempeste. *vol. in 4. oblong. parch.* | 4 | 1

624 Les Métamorphoses d'Ovide en Rondeaux, par Benserade, avec les Figures de le Clerc & Chauveau. *Paris, de l'Imprimerie Roïale*, 1676. *in 4. v.* | 9

625 Discours du Songe de Polyphile, avec des Figures en bois. *Paris*, 1554. *petit in fol. v.* | 4 | 4

626 *Cento Favole &c.* ou Recueil de Cent Fables italiennes, tirées des meilleurs Auteurs anciens & modernes, par J. Marie Verdizotti, avec des Figures en bois, d'après le Titien. *Venise*, 1661. | 6 | 10

627 *Octavius Ferrarius de Re Vestiaria*, ou Traité des Habillemens des anciens Romains, par Octave Ferrarius, avec Figures. *Padoue*, 1654. *in 4. parch.* | 3 | 1

628 *Habiti Antichi &c.* ou Recueil d'anciens habillemens de diverses Nations du Monde, avec des Figures gravées en bois, d'après le Titien & | 11

l'explication italienne. *Venise*, 1664. livre rare. *in* 8. *v.*

629 Les Cris de Bologne, d'après le Carache, par Mitelli. *Rome*, 1660. *in fol. parch.*

630 L'Etat présent de la Chine, par le P. Bouvet Jésuite, en Figures, gravées au trait; il y en a deux épreuves de chacune, l'une en blanc & l'autre enluminée. On a joint à la fin les Habillemens de l'Empire du Mogol. *Paris*, 1697. *in fol. v.*

631 Histoire de l'Empire Ottoman, par Briot, avec Figures de le Clerc. *Paris*, 1670. *in* 4 *v.*

632 Les Habillemens du Levant de M. Feriol, avec les Explications, augmentés de la Danse des Dervis, avec la Musique, & de l'enterrement Turc, Pieces qui ne sont pas dans les éditions ordinaires. *Paris*, 1715 *in f. v.*

633 Recueil de Modes, de Saint Jean, Bonnard, & autres. *in fol. v.*

634 Le Carousel de Louis XIV, avec le Discours latin, premiere édition de 1662. *in fol Carta maxima. pap.*

635 La Grotte de Versailles & l'explication, les Plaisirs de l'Isle Enchantée, & les Statues & Bustes, de Mellan & Baudet. *in fol. v.*

636 Mémoire pour servir à l'Histoire des Plantes, par M. Dodart, avec les Figures de Robert, livre rare, *de l'Imprimerie Roïale*, 1676. *grand in fol. v.*

637 Le Théâtre de Flore, de Pierre Firens, ou Recueil de Fleurs. *Paris*, 1633. *in fol. papier.*

638 Recueil de Poissons, d'Albert Flamen. *in 4. oblong. v.*

639 Les Peintures du Sépulchre des Nasons, gravées par Pietro Sante, avec les explications de P. Bellori. *in fol. parch.*

640 Les Bas reliefs antiques de Rome, gravés par Pietro Sante. *in fol. oblong. v.*

641 *Justi. Lipsi Saturnalia &c.* ou Discours de Juste Lipse, sur les Saturnales, les Gladiateurs & les Amphithéâtres des anciens Romains, avec Figures. *Anvers, chez Christophe Plantin*, 1585. *petit in 4. basanne.*

642 L'Architecture de Vitruve, traduite par C. Perrault, avec Figures, dont plusieurs de le Clerc. *Paris*, 1693. *in fol. mar. rouge* : exemplaire qui vient de la Bibliotheque de M. de Colbert, dont toutes les figures ont été choisies des plus belles épreuves.

643 Ordonnance des cinq especes de

Colomnes, par C. Perrault. *Paris*, 1683. avec Figures de le Clerc & autres. *in fol. v.*

644 Les quatre Livres de l'Architecture d'André Palladio, mis en françois, avec des Figures en bois. *Paris*, 1650. *in fol. v.*

645 Les Palais de Rome, dessinés par Pietro Ferrerio, de l'édition de Rossi. *in fol. obl. v.*

646 Les Peintures du Palais du T. d'après Jules Romain, & celles de Raphael, d'après les Peintures antiques du Palais de l'Empereur Titus, gravées par Pietro Sante. *petit in fol. obl. parch.*

647 La Frise du Palais du T. à Mantoue, d'après Jules Romain, gravée par Antoinette Bouzonnet Stella. *petit in fol. parch.*

648. Les Figures du Virgile, gravées par Pietro Sante, d'après de très anciens Desseins qui sont dans un Manuscrit du Vatican. *Rome* 1725. *in-fol. parch.*

649. Les Loges du Vatican, par Chaperon *in-f. oblong. v.*

650. *Ædes Barberinæ*, ou les Peintures du Palais Barberin à Rome, gravées par Bloemaert, d'après Pietre de Cortonne, avec les explications de

Jerôme Tetio. *Rome*, 1647. *in-f. v.*

651. Desseins de toutes les parties de l'Eglise de Saint Pierre de Rome, par Jacques Tarade, *in-fol. v.*

652. Les Eglises, Monasteres, Palais, & autres Edifices de Vienne en Autriche, & des environs, gravés avec beaucoup de propreté par André Pfeffel. *gros volume in-fol. oblong. v.*

653. Les Plans, Coupes, & Elevations de l'Academie des Sciences, de la Bibliotheque, & des Cabinets de Curiosités que le Czar Pierre le Grand a fait construire à Saint Petersbourg, avec le plan de cette Ville : recueil curieux, & qu'on ne trouve point ici; gravé à Saint Petersbourg en 1741, avec beaucoup de soin ; il avoit été envoyé en présent à Monsieur Potier. *in-f. v.*

654. Mémoires pour l'Histoire des Animaux ; premiere & seconde partie, & la Mesure de la Terre, avec Figures de le Clerc. *grand in-f. veau.*

655. Les Pierres antiques d'Angelo Canini, gravées par Picart, Valet, & autres, avec l'explication Italienne. *Rome* 1669. *in-fol. veau.*

656. Les Pierres Antiques, gravées par B. Picart en soixante-dix pieces. *in-f. parch. vert.*

657. Les Portraits en Médaillons de tous les Rois d'Espagne, depuis Athaulfe le Goth, jusqu'à Charles II, dernier Roi de la Maison d'Autriche, gravés par Van-Wester *à Rome*, 1684. *in-4. mar. roug*

658. Médailles sur les principaux évenemens du Regne de Louis le Grand, avec des Explications Historiques, de l'Imprimerie Royale, 1702. *in-fol. veau f.*

Pour rendre cet Exemplaire plus parfait, on a choisi des premieres Epreuves tirées avant l'Edition, auxquelles on a joint les Explications de l'*in*-4°. ajustés proprement à chassis dans les bordures de l'*in-fol.* & on y a écrit avec soin la Préface, qui ne se trouve pas ordinairement dans l'Edition, & qui est extrêmement rare, parce qu'elle a été supprimée.

659. Le même Livre, derniere édition augmentée, 1723. *in-f. mar. r. doré sur tranche.*

660. Histoire Metallique de la Republique de Hollande, par Bizot, avec les

| | | |
|---|---|---|
| Figures de le Clerc. *Par.* 1687 *in-f. v.* | | |
| 660. *bis.* Les Fêtes données à Anvers à l'arrivée de l'Archiduc d'Autriche. *Anvers*, 1595. *in-fol. avec fig.* | 4 | 1 |
| 661. Les Desseins du Temple & du Palais de Salomon, par M. Maillet, dans lesquels le Clerc a gravé les petites figures qui ornent ces bâtimens. *Paris*, 1695. *in-f. v.* | 6 | 10 |
| 662. Nouveau Systeme du monde conforme à l'Ecriture Sainte, par S. le Clerc, avec figures. *Paris*, 1708. *in-8. v.* | 3 | 1 |
| 663. Pratique de la Géometrie, par S. le Clerc. *Paris*, 1669. *in-12. v.* | 3 | 1 |
| 664. *Nova Geometria*, &c. avec figures copiées de celles de le Clerc. *Amsterd. in-12. v.* | 3 | |
| 665. Traité de Géometrie de le Clerc, avec de nouvelles figures par M. Cochin le Fils, & Chedel. *in-8. v.* | 8 | 1 |
| 666. Discours sur le point de vûe, par S. le Clerc. *Paris*, 1679. *in-12. mar. rouge.* | 4 | |
| 667. Essais d'Analyse sur les jeux de hasard, avec Vignettes de le Clerc. *Par.* 1708. *in-4. v.* | 5 | 10 |
| 668. Traité de Perspective à l'usage des Artistes, par E. Seb. Jeaurat avec figures. *Paris*, 1750. *in-4. v.* | 10 | 5 |
| 669. Les Plans & Elevations de l'Hôtel- | 7 | 2 |

de-Ville d'Amsterdam, avec les Statues, & autres ornemens de Sculptures du même édifice faits par Artus Quellinus, & gravés par Hubert Quellinus. *Amsterdam, in-4. parch. reliure d'Hollande.*

670. Traité d'Architecture de S. le Clerc. *Paris*, 1714. 2. *vol. in-4. v. avec fig.*

671. Les Figures du Livre précédent, en papier.

672. Le Cours d'Architecture de Daviler avec le Dictionnaire des Termes. *Par.* 1691, *chez J. Mariette.* 2. *v. in-4. fig.*

673. *Diarium Nauticum*, ou Description de trois voyages en Norwege, Moscovie, Tartarie, la Chine, la Nouvelle Zemble, &c. par Gerard de Vera, avec figures. *Amsterd.* 1598. *petit in-f. parch.*

674. Topographie des principales Villes du Monde, dediée à Jean de la Valette, Grand Maître de l'Ordre de St. Jean de Jerusalem, aujourd'hui Malthe. *Venise*, 1568. *petit in f. oblong.*

675. Recueil des vûes de 100 principales Villes de l'Univers, par P. Schenk, dedié à Frederic Guillaume, Roi de Prusse, avec le Portrait de ce Prince. *Amsterd.* 1702. *in-4, oblong. v. f.*

676. Le petit Beaulieu, contenant les Plans Topographiques en petit des

conquêtes de Louis XIV. *en 4. vol. in-4. oblongs. v.*

677. Les Cartes Géographiques de Jansſon & Hondius, en vingt-deux pieces, *in-fol. parch.*

678. Les Beautés de la France, par De-Fer. *en papier.*

679. Recueil de vûes d'Angleterre & de France, gravées par Rigault, Chaſtelain, & autres, *in-fol. oblong. parch. vert.*

680. *Le Vite de' Pittoridi Giorgio Vaſari,* avec les Portraits en bois. *Boulogne,* 1648. 3. *vol. in-4. parch.*

681. La Vie des Peintres Venitiens, en Italien, par Ridolfi, avec des Portraits en taille-douce. *Veniſe*, 1648. *in 4. v.*

681. *bis.* Un Volume *in*-4. contenant 37 Portraits de Peintres Italiens.

682. Vie des premiers Peintres du Roi, *Paris*, 1752. *in*-12. *v.*

683. La Vie des Peintres Flamands, par M. J. B. Deſcamps, avec leurs Portraits. 2. *vol. in*-8. *v. Paris*, 1753 & 1754.

684. Copie manuſcrite du Traité de Peinture de Leonard de Vinci, faite en Italie par le Pouſſin, avec de très belles figures deſſinées par cet excellent Maître, *in*-4. *v.* c'eſt d'après ce

manuſcrit qu'a été faite l'Edition Italienne.

685. Traité de Peinture de Leonard de Vinci, avec fig. *Paris*, 1716. *in*-12. *v*.

686. Autre Exemplaire du même Livre.

687. Les Proportions du Corps Humain, par Albert Durer, avec des Figures en bois, & l'Explication Allemande. *Arnhem*, 1603. *petit in-f. v*.

688. Les Proportions du Corps Humain meſurées ſur les plus belles Figures antiques, par G. Audran, avec fig. *Paris*, 1683. *in f. parch*.

689. De la maniere de graver à l'Eau forte & au Burin, par A. Boſſe, nouvelle Edition avec fig. *Paris*, 1745. *in*-8.

690. Explication des Tableaux de la Galerie de Verſailles, avec Figures, de le Clerc. *Verſailles, chez Muguet*, 1687. *in*-4. *v*.

691. Cabinet des ſingularités d'Architecture, Peinture & Sculpture, par Florent le Comte. *Paris*, 1699. 3. *vol. in*-12. *v*.

692. Dictionnaire des Monogrames avec fig. *Paris*, 1750. *in* 8. *v*.

693. Dix Volumes *in* 12. & *in*-8. *en veau*, formant un recueil de Catalogues de divers Cabinets de Curioſités.

SÇAVOIR.

| | | |
|---|---|---|
| 1r. *Vol.* Catalogue raiſonné de Coquilles, par Gerſaint, 1736. Catalogue d'Eſtampes & d'Hiſtoire naturelle, par le même, 1737. | 7 | |
| 2e *Vol.* Catalogue du Cabinet de Lorangere, par le même avec celui des Livres, 1744. | 9 | 1 |
| 3e. *Vol.* Catalogue de M. Bonnier, 1744, & celui de M. de la Roque, 1745, par le même. | 8 | |
| 4e. *Vol.* Catalogue de Tableaux, & celui des Coquilles de M. Sevin, 1749, par le même. Catalogue des Livres de M. Gerſaint, & celui de ſes Eſtampes, Deſſeins & Tableaux, par les Sieurs Helle & Glomy, 1750. | 6 | |
| 5e. *Vol.* Catalogue de Rembrandt, commencé par M. Gerſaint, & continué par les Sieurs Helle & Glomy, 1751. Catalogue de Rubens, Jordaens & Wiſcher, par le Sieur Hecquet, 1751. | 6 | |
| 6e. *Vol.* Catalogue de Poilly & Wouwerman, par Hecquet: Catalogue d'Eſtampes des trois Ecoles, par le même, 1752. Catalogue raiſonné des diverſes curioſités de M. Cotin, par les Srs. Helle & Glomy, avec les prix, 1752. | 6 | 1 |

7e *Vol.* Catalogue des Livres & Estampes de M. Geofroy, & celui du Cabinet, du même, par M. Geofroy, Medecin, 1753.

Catalogue des Tableaux, &c. de M. Coypel, avec les prix, par M. Mariette, 1753.

Description des Statues & Bustes de M. Crozat, faite pour la vente de M. du Chastel, par M. Mariette, 1750.

Catalogue de la Galerie de Dresde.

Catalogue d'un Cabinet d'Estampes, 1753.

8e *Vol.* Catalogue de Rembrandt de M. Gersaint, augmenté par les Srs Helle & Glomy, 1751.

Catalogue de la Collection de Rembrandt du Cabinet de Burgy. *la Haye*, 1755.

Catalogue du Cabinet du Bourguemestre Tersmitten. *Amsterdam*, 1754.

Catalogue des Estampes de M. de Clairembault, avec les prix, 1755.

9e. *Vol.* Catalogue raisonné du Cabinet de M. le Duc de Tallard, par les Srs. Remy & Glomy, 1756, avec les prix.

10e. *Vol.* Catalogue des Tableaux de M. le Baron de Thiers, 1755.

Catalogue des Tableaux du Prince de Carignan, 1742.

Catalogue

Catalogue des Tableaux du Chevalier de Couvay.

Catalogue des Tableaux de M. Pasquier, par le Sieur Remy, 1755, avec les prix.

Catalogue des Livres & Estampes de M. Racine, 1755.

Catalogue du Cabinet de l'Abbé de Fleury, 1756.

694. Recueil de Catalogues d'Estampes manuscrits; savoir, ceux de le Clerc, Edelinck, B. Picart, manuscrit & imprimé; les Tableaux du Roi, une suite gravée des Pavillons de Mer de chaque Nation, & une éloge imprimée du Cavalier Bernin, avec deux Vignettes de le Clerc.

695. Sentimens des plus habiles Peintres sur la Pratique de la Peinture, par H. Testelin. *Paris*, 1680. *in-fol. parch*,

696. Recueil de diverses Pieces reliées ensemble; savoir, Reflexions sur les différentes Ecoles de Peinture, par M. le Marquis d'Argens. *Paris*, 1752. Mémoire sur la Ville souterraine d'Herculanum, *Paris*, 1748, Lettre manuscrite sur les Peintures de la même Ville, *Bruxelles*, 1751. Etat& Description des Statues & au-

tres curiosités de M. le Cardinal de Polignac. *vol in-8. v.*

697. Observations sur la Peinture, par M. Gaultier, *Tome premier*, *in-12. Paris*, 1753.

697. *bis*. Daphnis & Chloé de la bonne édition, montée à chassis dans le format *d'in-4*. Les Figures sont parfaites d'épreuve, *reliées en mar. bleu*.

698. Plusieurs Porte-feuilles vuides, qui seront détaillés à la vente ; ils sont la plûpart couverts en veau avec le dos doré, & dans quelques-uns il y a du papier blanc.

# TABLEAUX.

MOnſieur Potier n'eut jamais deſſein de former un Cabinet de Tableaux : la place que ces morceaux auroient occupée, étoit deſtinée à ranger une nombreuſe Bibliotheque de Livres choiſis, particulierement ſur le Droit, Ouvrages néceſſaires à ſon Etat. Cependant ſon amour pour les Arts ne lui a pas permis de ſe refuſer quelques morceaux : il en avoit eu particulierement pluſieurs de le Sueur, qui étoit ſon Heros en Peinture, dont il s'eſt défait avec quelques autres, peu de temps avant ſa mort. On verra par la Note ſuivante, qu'il en reſte encore qui peuvent entrer dans les meilleurs Cabinets.

Les mesures des Tableaux sont prises sans les bordures.

699. Saint Claude accompagné d'un enfant : Tableau qui a été peint par Lanfranc, pour un Secretaire du Cardinal Antoine, qui en fit présent au Grand-pere de M. Potier son ami. Il est peint dans la grande maniere ordinaire au Lanfranc, & d'autant plus recommandable, qu'on ne trouve presque point de Tableaux de chevalet de cet excellent Maître, dont le genie vaste & fécond ne s'exerçoit ordinairement que sur de grandes ordonnances. Sa hauteur est de 3. pieds, sur 26 pouces de large.

700. Une copie du Tableau précédent, même grandeur que l'original.

701. Un Païsage de Jean-Francesque Grimaldi, dit le Bolognese, où se voit sur le devant le Baptême de N. S. par St Jean : ces Figures sont dessinées dans le goût du Carache, dont ce Maître étoit Eleve, & les Sites du Païsage sont singuliers & piquants : il porte 2 pieds 6 pouces de large, sur 2 pieds de haut.

702. Une Esquisse de Rubens, représentant Enée surpris de l'orage, donnant

la main à Didon pour l'aider à descendre de cheval ; ce morceau est d'une touche légere, & d'un Dessein plus suelte que n'ont coûtume d'être les ouvrages de ce Maître. Il doit piquer les vrais Amateurs qui savent distinguer les talens d'un excellent Peintre, à travers les négligences d'une premiere pensée : la grandeur est de 2 pieds de large, sur 18 pouces de haut.

703. Un Hyver peint sur bois, par Wouwerman, d'un coloris vigoureux, & d'une touche ferme : ce morceau, qui appartenoit autrefois à M. Gersaint, a été gravé par Moyreau. N. *36* : il a 18 pouces de large, sur 13 de haut.

704. Un Païsage orné de Figures, par Bartholomée Breemberg, de sa premiere maniere, qui tenoit beaucoup de celle de Salvator Rose, & qu'il a quittée depuis pour donner dans un goût *léché*, à la vérité plus gracieux, mais bien moins savant : ce morceau est d'un effet piquant & composé comme Salvator : il porte 3 pieds de large, sur 20 pouces de haut ; & est renfermé dans une bordure de bon goût.

705. Une Copie de ce même Tableau, de pareille grandeur.

706. Un Païsage de Corneille Poelem-

bourg, dans lequel paroît un Berger qui regarde une femme endormie : ce petit morceau, qui est d'un fondu gracieux, porte 9 pouces de large, sur 6 de haut.

707. Un joli Païsage de Van-Velde, donnant une vûe des environs d'Anvers ; sur le devant paroît un cheval & quelques autres animaux : ce petit morceau, peu chargé d'ouvrage, est peint avec une fraîcheur & un soin admirable : il porte 12 pouces de large, sur 9 de haut.

708. Un Païsage avec figures, des derniers temps de David Teniers, d'un pied de haut, sur 1 pied 9 pouces de large.

709. Un Tableau de Nicasius, représentant des chiens poursuivants un lievre : sa grandeur est de 3 pieds 4 pouces de large, sur 2 pieds 6 pouces de haut.

710. La Vanité, Sujet allégorique, peint par Jacques Jordaens. On y voit une femme à sa toilette, la Folie est à côté qui lui tient un miroir, & devant elle un Philosophe lui montre une tête de mort, au-dessus est une Banderole sur laquelle on lit ces mots Flamands. *Kent V. Selven*, ce qui signifie, connois-toi toi-même : cette composition est fierement touchée, & d'un coloris

extrêmement vigoureux. Elle est gravée dans l'Œuvre de Jordaens, & se trouve au N°. 27 du Catalogue de ce Maître, par Hecquet : la grandeur du Tableau est de 4 pieds 6 pouces de large, sur 3 pieds 5 pouces de haut.

711. Une Adoration des Rois, de Van-Orley, Eleve de Rubens, peinte sur bois, de 12 pouces de haut, sur 16 pouces de large.

712. Bacchus enfant porté sur des nuages, par des Amours & de jeunes Satyres. Tableau agréable de l'Ecole de Rubens, de 18 pouces de haut, sur 2 pieds de large.

713. Le Jugement de Paris, Tableau sur bois, de 17 pouces de haut, sur 13 de large.

714. Une Tête de Vieillard, de l'Ecole de Rubens : Tableau de 14 pouces de large, sur 17 pouces de haut.

715. Une Tête de Vieillard de Ferdinand Bol, Eleve de Rembrandt, de 7 pouces 9 lignes de haut, sur 6 pouces 4 lignes de large.

716. Un Vieillard lisant : Tableau sur bois de l'Ecole de Gerard Dow : sa hauteur est de 8 pouces 4 lig. de haut, sur 6. pouces 8 lignes de large.

717. Deux différentes vûes du Château de Bruxelles, ornées de beaucoup de

Figures dans le goût de Both. Le Peintre a représenté dans une de ces vûes le feu qui sort avec violence d'une des parties du Château, & une multitude empressée à porter de l'eau pour l'éteindre : cette incendie est peinte avec beaucoup de vérité : sa grandeur est de 3 pieds 9 pouces de large, sur 2 pieds 10 pouces de haut.

104 6 718. Un joli petit Tableau de Paul Brill, peint avec grand soin sur cuivre ; il représente N. S. soutenant St Pierre sur les eaux : il porte 5 pouces de haut, sur 7 pouces de large.

72 1 719. Un Hiver, peint par Van-Uden : Tableau de 15. pouces de large, sur 11 pouces de haut.

81 1 720. Salmacis & Hermaphrodyte, peints sur cuivre par le petit Moyse, Eleve d'Adam Elfeimer : la grandeur de ce morceau est de 7 pouces 9 lignes de large, sur 6 pouces 9 lignes de haut.

18 12 721. Un Païsage d'Huismans de Malines, de 2 pieds 7 pouces de large, sur 2 pieds 2 pouces de haut.

48 1 722. Un Païsage de Wenix, Peintre Flamand, de 11 pouces de haut, sur 15 pouces de large.

36 723. Deux Païsages de Baudouin avec les Figures de Both : Tableaux de 7 pouc. de large, sur 6 pouces de haut.

724. Un Païſage orné de figures, par Moucheron, dans une bordure Hollandoiſe : ce Tableau qui eſt ſur bois, porte 17 pouces de haut, ſur 15 p. de large.

725. Un petit Païſage de Bergas, Peintre qui a travaillé dans la maniere de Van-Uden : ce morceau porte 7 pouces 6 lignes de large, ſur 5 pouc. 6 lignes de haut.

726. Deux Marines de Zeeman, d'environ 1 pied de large, ſur 8 p. de haut.

727. Deux enfants jouant avec une chevre : petit Tableau joliment peint ſur cuivre, par Pitre Wouwerman, frere de Philippes : il porte 6 pouces de large, ſur 5 de haut.

728. Deux jolis Tableaux de Fleurs, par Verandal, Maître Hollandois, qui a peint dans le goût de Mignon : ils portent 14 pouc. de haut, ſur 11 pouces de large.

729. Venus couchée, endormie, ayant à ſes côtés Adonis qui répand des fleurs ſur ſa tête : dans le fond eſt un petit Amour qui tient deux chiens en arrêt. Ce gracieux morceau peint par le Pouſſin, eſt d'un coloris plus vigoureux que ne le ſont ordinairement les Tableaux de ce grand Pein-

tre, & l'effet en est admirable : Il a été gravé en maniere noire, par Smith : il porte.

730. Une rencontre de Cavalerie : Tableau de l'Ecole de Vander-Meulen, de 2 pieds 4 pouc. de large, sur 1 pied 9. pouces de haut.

731. Moyse présenté à la fille de Pharaon : Tableau de Bertholet, bon Peintre qui a suivi la maniere du Poussin ; le fond, qui représente le Frontispice d'un Temple, est de le Maire : ce morceau porte 3 pieds de haut, sur 4 de large.

732. Une Vierge de Douleur assise au pied de la Croix, très bien peinte par Ph. Champagne, & d'une belle conservation ; ce Tableau a été gravé par Edelinck, & porte 25 pouc. de haut, sur 19 de large.

733. Un Tableau Allégorique de le Sueur, qui représente la Vertu au-dessus des Puissances : ce morceau qui tient un peu de la maniere du Vouet, annonçoit dans l'Auteur, les talens qui l'ont mis au premier rang de l'Ecole Françoise : il porte 2 pieds 8 pouc. de haut, sur 20 pouces de large.

734. Une Copie du même Tableau, de grandeur conforme à l'original.

735. Une Emblême de la Coquetterie, représentée par une jeune fille qui s'ajuste devant un miroir : ce Tableau est peint sur un fond doré, par Corneille l'aîné, de 2 pieds de large, sur 20 pouces de haut.

736. Un Païsage orné d'un grand morceau d'Architecture, peint par P. Patel, dans son bon temps; l'effet en est extrêmement gracieux : il porte 3 pieds 4 pouces de large, sur 2 pieds 10 pouces de haut.

737. Deux Batailles peintes à l'huile dans la maniere de Parossel, de 15 pouc. de large, sur 11 de haut.

738. Un Païsage orné de Figures, dans la maniere de Francisque, de 3 pieds de large, sur 29 pouces de hauteur.

739 Huit Païsages de Chavanne, de son meilleur temps : ils portent 26 pouces de haut, sur 32 de large. On les détaillera à la vente.

740. Le Triomphe de Flore, composition agréable, peinte à *guazze* par Cotelle, montée sous glace, de 12 pouces de large, sur 6 de haut.

741. Trois Païsages peints à *guazze*, par Patel, montés sous verre, de 7 pouces, 6 lig. de haut, sur 11 pouc. de large.

742. Un Païsage avec Figures, peint à

*guazze*, de 17 pouc. de large, ſur 10 pouc. de haut; il eſt ſous verre.

743. Un Hiver peint à *guazze*, & un Païſage peint à l'huile ſur bois : ils portent environ 8 pouces de large, ſur 8 de haut.

744. Deux Païſages à *guazze* ſous verre, de 12 pouces de large, ſur 8 de haut.

745. La Famille de Darius, d'après le Brun, coloriée ſur un trait gravé : elle eſt montée ſous verre, de 15 pouces de haut, ſur 11 de large.

746. Une Tête de Vierge, deſſinée à la plume, d'après Raphael, ſous verre, de 8 pouces de haut, ſur 7 de large.

747. Un Païſage & un Portrait, peints à l'huile, & une petite Eſtampe ſous verre.

748. Un Chien couchant, peint à l'huile par Depouches.

749. Un Tableau de Bercheyden, repréſentant l'intérieur d'une Ville, où ſe voit un Prêtre allant porter les Sacremens, ſuivi de pluſieurs perſonnes : ce morceau eſt peint avec ſoin dans le goût de Van-Derſden : il porte 18 pouces de haut, ſur 14 de large.

750. Une Préſentation au Temple, peinte ſur cuivre par Bizet, Eléve de Rubens : morceau de 10 pouces de large, ſur 13 de haut.

751. Deux Tableaux de Biſchop, repréſentant des Canards dans un Païſage : ils ſont d'un très beau fini : leur grandeur eſt de 23 pouces de large, ſur 19 de haut. 48

*FIN.*

---

## *APPROBATION.*

J'Ai lu, par ordre de Monſeigneur le Chancelier, le Manuſcrit Intitulé *Catalogue Raiſonné des Tableaux, &c. de feu M. Potier*, & je n'y ai rien trouvé qui pût en empêcher l'impreſſion. *A Paris, ce 25 Novembre 1756.* COCHIN.

Total 27282 2

# ETAT

*Des Numeros qui seront vendus chaque jour, dont on entremêlera les diverses matieres.*

*Le Lundi 28 Fevrier*, 1757.

## DESSEINS.

Les Nos. 1, 14, 17, 53, 63, 64, 65, 106, 113, 151, 165, 165 *bis.*

## ESTAMPES.

Les Nos. 166, 172, 201, 214, 244, 248, 248 *bis.* 259, 306, 313, 313 *bis.* 314, 320, 325, 332, 393, 393 *bis.* 406, 406 *bis.* 414, 417, 428, 436, 493, 499, 498; 497, 501, 509, 513, 521, 537, 586.

## LIVRES D'ESTAMPES.

Les Nos. 600, 611, 611 *bis.* 612, 613, 618, 620, 622, 625, 682, 691, *premiere Partie* de 698.

*Le Mardi, premier Mars.*

DESSEINS.

Les Nos. 11, 20, 32, 45, 54, 66, 100, 102, 127, 132, 138, 164.

ESTAMPES.

Les Nos. 168, 174, 212, 246, 250, 255, 262, 263, 291, 312, 312 *bis*. 315, 323, 328, 335, 340, 340 *bis*. 342, 342 *bis*. 399, 418, 420, 421, 444, 494, 495, 496, 500, 502, 506, 516, 520, 528, 545, 545 *bis*. 548, 585.

LIVRES D'ESTAMPES.

Les Nos. 607, 615, 619, 621, 623, 671, 678, 685. *Seconde Part. de* 698.

*Le Mercredi, 2 Mars.*

DESSEINS.

Les Nos. 10. 19. 34. 43. 61. 67. 78. 114. 123. 125. 131. 163.

ESTAMPES.

Les Nos. 175. 196. 218. 238. 260, 260 *bis*. 266. 290. 295. 305. 309. 322. 326. 333. 347. 347 *bis*. 366. 370. 370 *bis*. 397. 397 *bis*. 407. 410. 429. 435.

448. 450 453. 454. 458. 503. 507. 511. 514. 524. 533. 533 *bis.* 546.

LIVRES D'ESTAMPES.

Les Nos. 601. 604. 608. 614. 626. 664. 674. 686. *troisieme Partie de* 698.

---

*Le Jeudi, 3 Mars.*

DESSEINS.

Les Nos. 13. 18. 29. 38. 48. 68. 73. 104. 130. 134. 147. 156.

ESTAMPES.

Les Nos. 178. 188. 217. 232. 251. 252. 253. 258. 280. 304. 311. 321. 324. 334. 351. 356. 363. 371. 384. 409. 411. 419. 425. 437. 452. 457. 461. 481. 512. 523. 526. 534. 571. 574. 580. 582.

LIVRES D'ESTAMPES.

Les Nos. 606. 610. 616. 617. 628. 633. 637. 644. 677. *quatrieme Partie de* 698.

---

*Le Vendredi, 4 Mars.*

DESSEINS.

Les Nos. 22. 25. 44. 50. 56. 72. 77. 103. 139. 152. 152 *bis.* 154.

ESTAMPES.

Les Nos. 176. 181. 215. 223. 249. 256. 265. 277. 293. 299. 307. 317. 319. 329. 336. 339. 348. 348 *bis*. 353. 375. 413. 422. 438. 447. 455. 456. 462. 466. 508. 515. 519. 527. 530. 530 *bis*. 572.

LIVRES D'ESTAMPES.

Les Nos. 603. 609. 630. 631. 635. 638. 646. 647. 667. 668. *cinquieme Partie de* 698.

---

*Le Samedi, 5 Mars.*

DESSEINS.

Les Nos. 15. 23. 46. 52. 58. 80. 81. 120. 124. 148. 157. 157 *bis*.

ESTAMPES.

Les Nos. 173. 182. 213. 243. 254. 257. 261. 276. 283. 308. 318. 331. 361. 364. 369. 369 *bis*. 376. 387. 387 *bis*. 398. 430. 441. 443. 449. 463. 468. 472. 492. 510. 518. 525. 538. 541. 554.

LIVRES D'ESTAMPES.

Les Nos. 605. 632. 640. 643. 649. 657.

661. 665. 673. 675. 679. 692, 696. *derniere Partie de* 698.

---

*Le Lundi*, 7 *Mars*.

DESSEINS.

Les Nos. 8. 12. 26. 41. 55. 84. 92. 109. 122. 133. 159. 159 *bis*.

ESTAMPES.

Les Nos. 179. 184. 189. 191. 219. 231. 240. 279. 285. 286. 310. 316. 327. 330. 350. 350 *bis*. 354. 377. 392. 392 *bis*. 415. 434. 442. 445. 465. 473. 474. 484. 517. 529. 539. 540. 549. 573. 596.

LIVRES D'ESTAMPES.

Les Nos. 624. 634. 641. 645. 651. 654. 655. 656. 660. 660 *bis*. 676. 688. 689.

---

*Le Mardi*, 8 *Mars*.

DESSEINS.

Les Nos. 6. 24. 39. 60. 62. 76. 83. 105. 135. 142. 162. 162 *bis*.

ESTAMPES.

Les Nos. 169. 185. 187. 190. 194. 211. 226. 228. 229. 231 *bis*. 274. 284.

338. 352. 362. 368. 372. 378. 378 *bis*. 382. 382 *bis* 390. 401. 403. 412. 431. 460. 467. 475. 491. 505. 522. 531. 544. 547. 550. 556. 583.

LIVRES D'ESTAMPES.

Les Nos. 599. 639. 652. 659. 662. 666. 683. 687. 690. 695.

---

*Le Mercredi, 9 Mars.*

DESSEINS.

Les Nos. 5. 28. 37. 47. 57. 82. 85. 117. 126. 140. 158. 158. *bis*.

ESTAMPES.

Les Nos. 167. 177. 186. 193. 207. 208. 220. 241. 242. 247. 278. 281. 294. 296. 297. 300. 337. 355. 367. 374. 383. 388. 388 *bis*. 440. 446. 464. 469. 479. 485. 535. 542. 543. 553. 559. 566. 568. 576. 581. 584. 584 *bis*. 587.

LIVRES D'ESTAMPES.

Les Nos. 636. 648. 663. 681. 681 *bis*. 697. 697 *bis*.

*Le Jeudi*, 10 *Mars*.

DESSEINS.

Les Nos. 9. 21. 36. 75. 86. 90. 94. 108. 119. 137. 143. 161. 161 *bis*.

ESTAMPES.

Les Nos. 192. 195. 198. 204. 205. 237. 239. 245. 270. 273 *bis*. 292. 298. 302. 341. 343. 360. 373. 379. 385. 391. 391 *bis*. 396. 402. 404. 416. 423. 439. 470. 476. 478. 482. 486. 536. 551. 557. 560. 562. 570. 575. 577. 579.

LIVRES D'ESTAMPES.

Les Nos. 597. 598. 650. 653. 669. 680.

---

*Le Vendredi*, 11 *Mars*.

DESSEINS.

Les Nos. 4. 33. 42. 49. 74. 79. 88. 93. 111. 115. 129. 141. 155.

ESTAMPES.

Les Nos. 180. 183. 199. 210. 227. 233. 234. 235. 236. 269. 273. 275. 289. 301. 349. 365. 380. 381. 389. 394. 405. 424. 426. 432. 471. 483. 487. 488. 489. 490. 552. 564. 558. 565. 567. 569. 578.

LIVRES D'ESTAMPES.

Les Nos. 602. 627. 629. 642. 658. 670. 672. 684. 693 & 694.

---

*Le Samedi, 12 Mars.*

DESSEINS.

Les Nos. 2. 35. 40. 71. 91. 96. 96 *bis.* 97. 107. 118. 136. 144. 153.

ESTAMPES.

Les Nos. 170. 197. 200. 209. 225. 230. 268. 287. 288. 346. 359. 386. 400. 408. 427. 451. 480. 555. 561.

TABLEAUX.

Les Nos. 708. 709. 711. 713. 714. 716. 720. 722. 725. 726. 727. 736. *premiere Partie de* 739. *seconde Partie de* 739. 742. 745. 746. 750. 751.

---

*Le Lundi, 14 Mars.*

DESSEINS.

Les Nos. 7. 30. 51. 59. 70. 87. 98. 101. 110. 121. 145. 149. 160.

ESTAMPES.

Les Nos. 171. 202. 216. 221. 222. 224. 272. 282. 303. 345. 358. 433. 459. 477. 504. 532. 563.

TABLEAUX.

Les Nos. 701. 706. 707. 712. 715. 717. 721. 723. 730. 731. 732. 737. 738. *troisieme Partie de* 739. *quatrieme Part. de* 739. 740. 741. 743. 749.

---

*Le Mardi*, 15 *Mars*

DESSEINS.

Les Nos. 3. 16. 27. 31. 69. 89. 95. 99. 112. 116. 128. 146. 150.

ESTAMPES.

Les Nos. 203. 206. 264. 267. 271. 344. 357. 395.

PLANCHES GRAVÉES, MÉDAILLES, &c.

Les Nos. 588. jusques & compris 593. 594. 595.

TABLEAUX.

Les Nos 699. 700. 702. 703. 704. 705. 710. 718. 719. 724. 728. 729. 733. 734. 735. 747. 748. *cinquieme & derniere Partie de* 739. 74[illegible]

*FIN.*

www.ingramcontent.com/pod-product-compliance
Ingram Content Group UK Ltd.
Pitfield, Milton Keynes, MK11 3LW, UK
UKHW031846260826
14628UKWH00002B/624

9 782014 020274